김정주 지음

안녕, 신앙생활

관념적 정답이 아닌
삶의 언어로
신앙을 이야기하다

토기장이

안녕, 신앙생활

김정주 지음

토기장이

추천사

저자의 글은 톡톡 튀는 언어가 가득한 신선한 문장의 바다 같다. 그 언어로 본질적인 문제에 집중하지 못하는 우리 신앙생활의 모습을 살짝 꼬집고 있다. 오래되고 관습적이며 잘못 정립된 신앙생활을 향해 '이건 조금 문제 있지 않은가요?'라는 물음을 던진다. 때로는 신랄하게, 때로는 시원하게 전개되는 글을 읽어가다 보면 저절로 고개를 끄덕이게 된다. 신앙생활을 하면서 누구나 한 번쯤은 고민했음직한 질문들을 자신만의 솔직한 말로 풀어낸다. 강요하지는 않지만 '당신의 신앙생활은 안녕하신가요?'라는 차분한 목소리도 들리는 듯하다. 익히 알고 있어서 쉽게 보이지만 절대 가볍지 않은 화두를 던지고 있는 이 책에 한번 집중해 보라고 권하고 싶다. 길지 않은 그 시간이 결코 아깝지 않을 것이다.

고훈 진리샘교회 담임목사

'삶', '사람', '생명'에 관심이 있는 목회자의 존재는 반갑다. 전하는 말씀대로 살고자 노력하는 목회자의 존재도 반갑다. 누군가는 지나치기 쉬운 일상의 작은 일에서도 신앙인으로 사는 것이 무엇인지,

신앙생활을 한다는 것이 무엇인지 고민하고 실천하는 목회자의 존재는 더욱 반갑다. 「안녕, 기독교」에 이어서, 「안녕, 신앙생활」 또한 직분에 상관없이 교회 인의 많은 이들에게 위로와 공감, 잔잔한 고민을 던져 줄 수 있는 책이다.

김병삼 만나교회 담임목사

저자가 '안녕'이라 말을 건네며 기독교에 대한 우리의 오해를 풀었던 것이 엇그제 같은데, 어느새 두 번째 '안녕'을 가지고 돌아왔다. 마치 첫 책에 대한 애프터서비스처럼 말이다. 책의 에피소드들처럼, 현실에서 마주치는 생활(삶)의 어려움 때문에 우리는 자주 생활을 빼놓고 신앙을 이야기한다. 이 책은 그 생활과 신앙의 거리를 조금 더 가깝게 이어 준다. 아마도 마지막 장을 덮을 때, 당신의 생활과 멀어진 신앙의 거리는, 딱 붙은 '신앙생활'이 되어 있을 것이다.

김정태 「말씀이 육아가 되어」 저자

너무 차갑지도 너무 뜨겁지도 않을 때 우리는 따뜻함이라 말한다. 그런 따뜻함이 삶에서 흘러나올 때 주위 사람들은 그에게서 선한 영향을 받는다. 김정주 전도사의 삶에서 풀어내는 그 성찰의 나눔이 따뜻하다. 많은 분들이 일상생활에서 느끼는 신앙의 어려움을 풀어갈 때 도움이 될 것이라 확신한다.

박상현 Hug International 대표

예수의 흔적이 가득한, 좋은 신앙의 선배와 마음껏 대화를 나눈 것 같은 책이다. 저자가 신앙생활 속 질문들에 답을 찾아가는 과정들에 자주 고개를 끄덕이며 읽었다. 어떤 부분에서는 '이건 이렇게 생각해 보면 어떨까?' 하는 도전을 받기도 하고, 어떤 부분에서는 '너 지금 잘하고 있어!'라는 힘이 되기도 하면서. 크리스천으로 세상 속에서 살며, 끊임없이 묻고 치열하게 고민하고 발버둥 치며 하나님의 마음에 합하여 가는 모습이 참 아름답다. 다른 무엇보다 예수의 흔적을 지니고 남기고 살아가야 할 우리에게, 지금 나는 어떤 흔적을 남기고 있는지, 어떤 향기를 내고 있는지 돌아보고 도전하게 하는 책이다.

수이브흐 「예쁜 말 성경」 그림작가

부모와 자녀 간의 친밀한 대화 속에는 맹목적인 순응만 있지 않다. 건강한 자녀는 부모에게 자유로이 질문하며 이해가 되지 않는 부분은 당당히 따지기도 한다. 이 책을 읽는 내내, 저자와 하나님과의 친밀함이 느껴졌다. 관습에 묻혀서 잘 보이지 않던 하나님 아버지의 진심을 발견할 수 있는 책이다. '쓰고뱉다' 글쓰기 모임을 통해 스승과 제자로 맺게 된 인연은 너무도 소중하다. 글과 삶이 일치하는 작가를 만난다는 것은 참 복된 일이다. 삶에서 길어 올린 글이기에 더 큰 감동이 된다. 기계적인 신앙생활이 아닌, 생명력이 느껴지는 신앙생활을 하고 싶은 모든 이들에게 이 책을 권한다.

유혜연 글쓰기 모임 '쓰고뱉다' 9기

우리의 신앙생활에는 학년이나 점수가 없다. 그래서 우리는 우리 신앙의 수준을 잘 알지 못할 때가 있다. 그러나 학년도 점수도 없는 신앙에 시험은 있다. 우리는 인생에 찾아오는 다양한 시험을 통해 우리 신앙의 수준과 실체를 마주하게 된다. 이 책은 인생에서 만날 수 있는 시험에 대해 담담하게 나누며, 그 안에서 만난 하나님을 솔직하고 생생하게 그리고 있다. 인생의 시험 앞에서 고민하고 있는 분들에게, 시험 속에서 하나님의 음성과 마음을 알기 원하는 분들에게 이 책을 추천한다.

이서진 온누리교회 대학부 담당목사

오늘날 사람들은 여기저기서 수없이 많은 신앙 이야기를 듣고 본다. 하지만 수많은 신앙 이야기를 보고 들을 수는 있어도 그 속에서 삶의 냄새를 맡기란 쉽지 않다. 분명 좋은 이야기지만 어딘가 나와는 거리가 멀게만 느껴진다. 마치 화가 밥 아저씨가 슥슥 그림을 그린 후 "참 쉽죠?"라고 말하지만 정작 나는 도저히 따라 할 수 없는 그림 같다고나 할까? 하지만 이 책은 신앙생활이 그저 남의 이야기를 보고 듣는 것이 아니라 곧 내 삶의 이야기라는 걸 알려 준다. 그래서일까? 책을 읽고 있으면 그 속에서 삶의 냄새가 난다. 동시에 저자가 경험한 삶의 이야기 속에서 하나님의 이야기가 함께 들린다. 그리고 그 이야기가 전혀 낯설지 않다. '지금 내 신앙생활은 안녕할까?'를 고민하고 있다면 이 책이 당신의 고민에 대답할 것이다.

조재욱 목사, 인스타그램 '물음에 답하다', 「보통의 질문들」 저자

프롤로그

'신앙생활'을 하면서 겪는 많은 일들은 귀로 들은 지식만으로는 정의하기 어려운, 무 썰듯이 딱딱 썰어서 이거다, 저거다 말하기에는 너무 어려운 영역이다.

머리에서 나온 이론의 언어도 아니요, 책상에서 나온 학문적인 언어도 아니요, 마음에서 나온 묵상의 언어도 아닌, 오직 하나님 앞에서 처절하게 토하듯 터져 나온 부들거리는 실존의 언어들만이 그 신비의 영역에 우리를 진입시키고, 신을 벗게 한다.

고난받는 의인이라 불리는 욥의 언어들이 그러했다. 전능자, 창조주 앞에서 그는 단 2장에 걸쳐서만 귀로 들어서 알고 있었던 정답을 입술로 토로한다. 하지만 그 후에 40장에 걸쳐서 그는 자신의 부들거리는 실존의 언어로 하나님 앞에 나아간다. 그리고 그 끝에서 마침내 하나님을 만나고 고백한다.

내가 주께 대하여 귀로 듣기만 하였사오나 이제는 눈으로 주를
뵈옵나이다 _욥 42:5

이 책은 귀로만 들었던 하나님을 삶 속에서 처절하게 눈으로 보아온 이야기라고 할 수 있다. 1번의 답은 A, 2번의 답은 B, 이런 식으로 딱딱 정답을 알려 주는 글이 아닌, 살아온, 살아낸, 살아갈 삶을 통해서 그저 보여 주는 이야기다.

머리에서 나온 글은 읽는 사람의 머리까지, 마음에서 나온 글은 읽는 사람의 마음까지, 삶에서 나온 글은 읽는 사람의 삶까지 도달함을 나는 믿는다. 부디 나의 하나님 앞에서 처절했던 부들거리는 실존의 언어가 당신의 삶까지 도달되어, 우리의 모든 신앙생활이 안녕하길 바란다.

contents

프롤로그

1. 사랑과 정의

016 "당신은 사랑받기 위해 태어난 사람"을 부를 수 없는 이유
020 영혼 사랑보다 더 깊은 사랑은
024 역할이 아닌 존재를 사랑하는 이야기
030 기독교의 괴상한 정신 승리를 아시나요
034 가속화되는 인간의 악마화 앞에서

2. 일과 영성

040 악한 게 아니라 약한 거였다 1
047 악한 게 아니라 약한 거였다 2
057 직장에서 관계에 대처하는 우리의 자세
062 약해도 쓰임 받을 수 있다
066 이렇게 살자
069 내 삶은 늘 종의 재정을 배우는 시간이었다

3. 죽음과 현실

076 죽은 다음엔 어떻게 되는 것일까
080 자살하면 지옥 간다고 말하지 마라

084 인플루언서, 셀럽들은 정말 행복할까?
089 온종일 정리하는 삶을 사는 이유
093 힘 들어가면 힘을 주는 것들
096 주일이 아닌 일요일 속에서 배운 것 1
100 주일이 아닌 일요일 속에서 배운 것 2

4. 인내와 인격

106 담배가 피고 싶었던 나날들 속에서 배운 것
110 밑 빠진 독에 계속 물을 부을 수 있는 이유
115 아무도 보는 이 없을 때 나는 누굴까?
119 기분이 태도가 되지 않으려면
124 쿨하지 못하면 왜 미안해야 해?
127 전도지를 찢어 본 경험이 있다

5. 방황과 고통

132 고통의 의미를 물으신다면
135 믿음은 방황을 먹고 자란다
140 '코카콜라 맛있다'를 아시나요?
143 고통의 위력 속에서 드리는 기도란
146 고통에 대처하는 올바른 자세
150 하나님을 기다리는 것은 쉽지 않다
154 하나님의 부재 연습

6. 결혼과 자존감

162 어떤 배우자를 만나도 행복하긴 쉽지 않다
166 연애는 이미지로, 결혼은 존재로
172 결혼 후에 사람이 변하는 이유
178 벼랑 끝에 서는 것만 용기인가요?
182 자신감 없어도 사는 데 문제없었다
187 라면은 양은 냄비에, 커피는 커피 잔에

7. 감정과 지침

192 감정을 감사로 감시하는 게 맞나요?
195 하루 종일 예수님 생각을 못 했어요
198 겸손은 심리전이 아니다
202 아무리 기도해도 걱정이 안 사라져요
206 실망조차 빼앗아가려고?
210 기도는 요술램프가 아니다

8. 죄책감과 자유

216 이 세상에서 가장 많은 사람이 믿는 종교는?
220 드라마나 영화 보고, 가요 듣는 게 죄인가요?
224 교회는 왜 이렇게 죄 이야기를 많이 할까
228 항상 하나님을 붙잡아야 한다는 강박에 관하여
231 하나님은 자신보다 사랑하는 게 있으면 빼앗아가는 분이신가요?
237 순종이라는 이름이 더 이상 아프지 않았으면 좋겠다

9. 사람 그리고 공동체

244 사람의 마음 문을 여는 열쇠는?
248 아싸가 인싸 되는 낫
252 등잔 밑의 어둠과 싸우는 법
255 사랑스럽게 나를 망가뜨리는 관계들에 대하여
260 모든 관계는 전도를 위함일까요?
264 내 기도제목이 소문이 나는 이유
268 건물이 아닌 생물인 교회를 꿈꾸며
272 오늘날 교회에 필요한 것은 기복 신앙이다

에필로그

Chapter 1

사랑과 정의

"당신은 사랑받기 위해
태어난 사람"을
부를 수 없는 이유

**너는 너를 정말
'사랑'하는 걸까?**

교회 안에는 독특한 문화가 있다. 새신자가 오면 수많은 사람들 가운데서 일어나라고 하거나 앞으로 나오라고 해서 환영과 축복을 해주는 것이다.

내가 이런 축복과 환영을 받은 것은 고등학교 때였다. 사람 눈도 제대로 못 마주치고, 내 마음이지만 더더욱 내 마음 같지 않던 시절이라, 앞에 끌려 나가 "당신은 사랑받기 위해 태어난 사람" 노래가 끝날 때까지 서 있었던 기억은 아직도 선명하다.

문득 그런 풍경들이 그립다는 생각이 들었다. 민망하긴 했지만, 그 시간 속에서 '나라는 존재가 정말 있는 모습 그대로여도 괜찮은 걸까'라는 기분 좋은 상상을 하게 만들어 주었기 때문이다. 외모가 뛰어나지 않아도, 집이 잘 살지 않아도, 공부를 못해도, 성격이 좋지 않아도, 부족한 것투성이어도, 그냥 '나'라는 존재가 존재한다는 자체만으로 사랑받기 위해 태어난 사람일 수도 있겠다는 상상 말이다.

 기분 좋은 상상이 현실이 되는 것은 오래 걸리지 않았다. 내가 속해 있던 교회 공동체에서 목소리로 그 노래를 불러 준 것은 단 한 번이었지만, 삶으로 불러 준 노래는 셀 수 없었기에, 그 속에서 나는 비로소 존재 자체로 사랑받기 위해 태어난 사람이 되었다.

 공동체에서 그런 사랑을 받으며 지내서였을까. 나도 자연스레 교회에 처음 오는 사람이 생기면 아무 동기 없이 가서 환영해 주고, 친해지려고 하고, 사랑을 주는 사람이 될 수 있었다. 나뿐만 아니라 그 시절에 '우리'라고 부를 수 있는 모두가 그랬다. 완벽이라고 말하기에는 어설프고 부족한 점이 많았지만, 그때 그 사랑은 많은 일을 해냈다.

 지금의 나는 "당신은 사랑받기 위해 태어난 사람"을 더 이상 부르지 못한다. 교회 안에 있는, 혹은 교회로 오는 사람들을 더 이상 존재 자체로 사랑하기보다는, 사랑받을 만한 사람만 사랑하고, 사랑받을 만하지 않은 사람들은 사랑하지 못한다. 가리고 골라서 하는 무늬만 사랑을 하고 있을 뿐이다.

언제부터 사랑의 문턱이, 교회의 문턱이 이렇게 높아졌을까. 사다리가 있어야지 넘을 수 있을까 말까고, 간신히 넘어왔다 하더라도 수많은 관문을 통과하고 좋은 성적을 받아야 그제야 사랑받기 위해 태어난 사람으로 승인되어 사랑을 받는다. 이게 사랑일까.

사랑하기 힘든 사람, 사랑받을 만하지 않은 사람들을 사랑하는 건 아픈 일이다. 힘든 일이다. 하지만 그 사랑이야말로 진짜 사랑이다. 진짜가 된다는 건 아프고 힘든 일이니까.

쑥스러워 두 팔을 활짝 벌리지 못하고, 예쁘게 뜨는 법을 몰라 흔들리는 눈동자였어도, 음정 박자 다 잘 맞는 목소리로 완벽하게 부른 노래는 아니었어도, 마음만은, 삶으로는 진실되게 부를 수 있었던 "당신은 사랑받기 위해 태어난 사람", 다시 부를 수 있길.

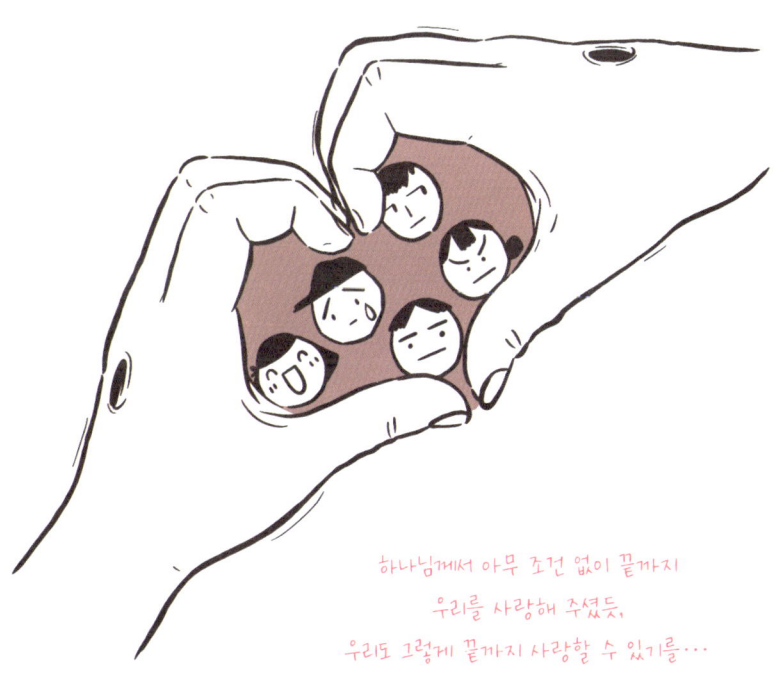

하나님께서 아무 조건 없이 끝까지
우리를 사랑해 주셨듯,
우리도 그렇게 끝까지 사랑할 수 있기를…

영혼 사랑보다
더 깊은 사랑은

**명사인 사랑은
눈에 보이지 않지만**

'영혼 사랑'이라는 말이 있다. 교회 안에 있는 이들에게는 무척 반가운 말이지만, 교회를 다니지 않는 사람들이 이 말을 들으면 갸우뚱한다. 영혼 사랑이 도대체 뭐야?

이 정도로 말할 수 있겠다. "사람에게는 보이는 육체와 보이지 않는 영혼이 있어. 육체보다 영혼이 더 본질적이야. 그 영혼이 구원을 받아야지 천국에 갈 수 있어. 우리는 세상과 다르기 때문에 본질적인, 보이지 않는 너의 영혼을 사랑하는 사랑을 '영혼 사랑'이라고 하는 거야."

기도할 때에도 영혼을 위해서 기도한다고 한다. 찬송할 때에도 영으로 한다고 한다. 복음을 가지고 전도를 하는 목적도 영혼 구원을 위해서라고 한다. 어쩌면 기독교의 제일가는 모토는 '사랑과 영혼'이라고 불러도 될 지경이다.

영혼은 다소 추상적인 명사여서 정확히 무엇이라고 정의하기 쉽지 않다. 영혼을 사랑한다는 것도, 영혼을 위해서 기도한다는 것도, 영혼 구원을 한다는 것도, 닿을 듯 닿지 않는 느낌적 느낌만 가득할 뿐, 추상적이고 막연하게 느껴지는 순간들이 많다.

꼭 영혼을 사랑해야만 좀 더 깊숙한 사랑일까? 그냥 '사람 사랑'이라고 하면 안 될까? 이런 질문에 대해서 고민하고 있을 때 유튜브 〈영혼이란 무엇인가?〉에 나오는 김근주 교수님의 말은 참 반갑다.

"사실 구약에서 영혼이라고 번역된 단어는 다 목숨, 생명 그런 뜻입니다. 영혼이 아닌 생명을 사랑한다고 한다면, 이 생명에게는 빵도 필요하고, 예수님의 진리도 필요하고, 옷도 필요하고, 안전하게 살아갈 집도 필요합니다. 하지만 영혼이라고 표현하면, 집도 필요 없고, 빵도 필요 없고, 오직 복음만이 필요한 것처럼 여겨지게 됩니다. 이런 것들이 사람들이 살아가는 데

기본적인 필요들을 가벼이 여기게 만듭니다. 그래서 저는 개인적으로 '영혼을 사랑하자' 그러지 말고, '생명을 사랑하자'라고 표현하면 좋을 것 같습니다."

영혼을 위해서 해줄 수 있는 것은 온통 영적인 일밖에 없어 보이지만, 생명을 위해서라면, 사람을 위해서라면 해줄 수 있는 일이 제법 많다. 그 사람에게 필요한 것을 나눠 줄 수 있는 여력이 있다면 그것을 주는 것이 곧 사랑이다. 돈이면 돈, 옷이면 옷, 먹을 것이면 먹을 것. '당신을 위해서 드릴 수 있는 것은 오직 나의 영혼뿐'이라는 말은 시에서나 볼 법한 문장이다.

교회는 영혼이 아닌, 생명을 사랑하는, 사람을 사랑하는 사랑을 현실 속에서 구체화시켜 아무런 보답 없이 한도 없이 무이자로 나눠 주고 흘려보낼 수 있는 힘을 가진 곳이다. 그렇게 값없이 받은 사랑이 값없이 흐를 때, 이 세상을 지배하고 있는 피라미드 구조, 약육강식의 체제는 깨어지고, 그곳에 더불어 사는 하나님의 나라, 진정한 의미의 교회가 세워지는 것이다.

영혼 사랑 말고 생명 사랑, 사람 사랑, 영혼 구원 말고 생명 구원, 사람 구원, 영혼을 위한 기도 말고 생명을 위한 기도, 사람을 위한 기도, 그렇게 영적인 영역이 아닌 현실의 영역에서 행함과 진실함으로 사랑할 수 있길.

명사인 사랑은 눈에 보이지 않지만,
동사인 사랑은 선명히 보인다.

역할이 아닌
존재를 사랑하는
이야기

사모학개론

                        나는 '사모'라는 말을 좋아하지 않는다. 교회에서 아내를 소개할 때에도 "제 사모입니다"라고 하지 않고 반드시 "제 아내입니다"라고 한다. 지금까지 그래왔고, 죽을 때까지 반드시 그렇게 할 예정이다.

   그렇게 하는 데는 나름의 이유와 생각이 있다. 일단 이 한국교회 안에서 사용되는 '사모'라는 말 안에는 어마어마한 '압력'과 '폭력성'이 잠재되어 있다고 생각한다. 호칭은 사람의 정체성을 많이 규정하는데, 이 '사모'라는 호칭에는 '사모는 (교회 안에서) 이러해야지', '사모는 (교회 안에서) 이러하면 안 되지'라는 생각이 상당히 많이 농축되어 있기에, 어마어마한 '압력'과 '폭력'으로 작용할 수 있다고 생각한다.

20대 초반, 모교회에서 청년 때 가장 듣기 싫었던 말은 '신학생'이었다. 당시 나보다 좀 나이가 많은 사람들이 시키는 것을 고분고분 안 할 때 "너는 신학생이 왜 그래?"라는 말을 듣곤 했다. (그 시키는 것들은 내가 생각하기에 합당하고 수긍이 되는 일이 아니라 그냥 '하라면 해'라는 카테고리에 속한 일이었다.) 그게 정말 싫어서 '도대체 이걸 왜 내가 해야 하느냐'는 식으로 반응했던 건데, 그때마다 그 사람들은 눈을 동그랗게 뜨면서 "너 신학생 맞아? 신학생이 왜 그래? 너 목사님 될 거 아니야? 근데 이렇게 순종할 줄 몰라?" 뭐 이런 식으로 얘기를 했던 것이다. 당시 나는 '신학생'이라는 말에 담긴 '신학생은 이러해야 돼', '신학생은 이러면 안 돼'라는 '압력'과 '폭력성'을 마음껏 느끼며 교회 생활을 해야 했고, 그러다 보니 자연스레 그 호칭이 미워졌다.

내가 느꼈던 '신학생'이라는 호칭에 담긴 그 '압력'과 '폭력성'이 '사모'라는 호칭 안에도 고스란히 담겨 있다. 이런 '사모'라는 호칭이 싫기 전에 내가 더불어 싫어했던 말이 '사모감'이라는 말이었다. 교회 안에서는 '누구누구는 정말 사모감이야'라는 무언의 공기가 흐른다. (신학교에서는 그런 기류가 더 강하다.) 이 '사모감'이라는 자매를 보면 대게 이런 식이다.

- '주만 바라볼지라'의 절대초점 신앙소유
- 자기 주장이 강하지 않고 순종적인 성격을 소유함
- 남편이 돈을 못 벌어도 어느 정도 가정 경제를 책임질 수 있는 강인한 생활력과 내조의 여왕 마인드 장착
- 예쁘지는 않지만 아름다움(?)
- 잘 안 나댐
- 전도를 잘함
- 피아노 잘 침

이러한 '사모감'에 대한 검증 리스트들은 결국 '사모는 이러해야 한다', '이러하면 안 된다'에서 나온 것이 아니겠는가? 나도 처음에 멋모를 때에는 당연히 저런 리스트에 맞는 '사모감'을 만나야 한다는 부담이 있었다. 주위에서 항상 듣는 말이 "목회자는 사모를 잘 만나야 된다. 그래야 목회 성공(?)할 수 있어"였고, 내가 다녔던 모교회 사모님을 보면서 우리 어머니나 다른 집사님들도 "모름지기 사모는 저래야 돼. 너도 저런 사모를 만나야 돼"라고 했으니 이 주입식 교육이 어디 갔겠는가.

하지만 이 '사모감'에 대한 신앙(?)이 붕괴되는 일이 일어났다. 나 스스로 목회자에 대한 소명을 하나님 앞에서 다시금 점검하기 위해 매달리며 기도할 때였는데, 그때 깨달은 것은 누

가 뭐래도 나는 확실히 '목사감'이 아니었는데 하나님께서 부르셨다는 것이었다. '목사감'이 아닌 사람을 이렇게 부르셔서 사람을 만들고 계시는 하나님의 열심을 보는 순간, 나도 '목사감'이 아닌데 '사모감'을 찾는다는 게 얼마나 어이없는 일인지 깨닫게 되었다. 날 때부터 목사가 어디 있고, 날 때부터 사모로 부르심을 받는 사람이 어디 있겠는가? 그 일 후로 내가 주인 삼은 '사모감'이라는 말을 내려놓았다. 마음이 무척 평안했다. 그리고 몇 해 후에 지금의 아내를 만났다.

아내는 확실히 '사모감'이 아닌 사람이었다. 같은 교회에서, 같은 부서에서 사역을 하다 보니 부딪히는 것이 많았다. 그럴 때마다 내 마음 속에서는 '아니 사모가 될 사람이 이러면 안 되는데 이거 이대로 놔두면 안 되겠다. 사모로 만들어야겠다!'라는 마음이 불끈불끈 솟아났다.

몇 달 지나지 않아서 내가 그렇게 하는 것이 아내를 하나님이 지으신 있는 그대로의 모습으로 존중하는 것이 아닌, 내가 원하는 '사모'로 만들려는 '폭력'이라는 것을 깨달았다. 그때 이후로 늘 아내를 보면서 마음속에 품고 사는 말이 '남편이 목회자라고 아내까지 목회자는 아니다. 아내는 그냥 아내일 뿐이다'라는 것이었다. 남편이 목사라고 아내까지 목사인 줄 아는 그런 식의 태도가 곧 '사모'라는 말에 엄청난 '압박'과 '폭력성'을 내재하게 만든다는 것을 어렴풋이 깨달았기 때문이다.

가난하고, 소망도 없고, 나이 많은 전도사랑 결혼한 것만으로도 엄청난 사랑과 믿음이었을 텐데, 그 이상을 강요할 필요가 없었다. 어차피 좁은 길을 함께 갈 터인데, 내가 해줄 수 있는 유일한 것이 있다면 그냥 아내의 존재 자체를 받아 주고 어떤 '호칭'에 갇힌 '자아'로 살게 하는 것이 아닌 자유롭게 그 존재 본연의 자아로 살게 해주는 것이었다. 그래서 지금까지도 나는 아내에게 '교회에서 사모는 이래야 한다', '저러지 말아야 한다', '옷차림은 어때야 한다', '말은 이렇게 해야 하고, 표정은…' 뭐 이런 잔소리를 한 적이 없다. '친절한 금자씨'가 한 말처럼 '너나 잘하세요'를 새기고 살 뿐이다.

내가 말하고 싶은 '사모학개론'은 이것이다. 아내는 특별히 모난 사람이 아니다. 정신적으로 문제 있는 사람도 아니다. 하나님을 진실하게 사랑하고, 사람을 사랑할 줄 아는 '사람'이다. 성격이 나쁘고 좋고로 판단할 것이 아닌 그냥 아내다운 성격이다.

아내답다. 그 말이 옳다. 예의가 무엇인지 알고, 개념이 있으며, 밝고 예쁘다. 그러면 된 거다. 만약에 아내가 마땅히 사람으로서 갖춰야 할 기본적인 인성이나 예의가 없다면 그건 '사람'이 되지 않은 것이니 문제가 될 수가 있다. 하지만 그러한 것들을 갖추지 못했다 한들 그것의 필요성을 아는 '사람'이 되기 위해 하나님 앞에 나아가는 모습이 있다면 그걸로 충분한 것이다. 굳이 다른 사람들이 생각하고 만들어 놓은 '사모'라는 감옥에 갇혀서 살 필요는 없다. '사모'가 아닌 '사람'으로 살면 되는 것이다.

 나는 이 '사모'라는 호칭이 여전히 싫다. 다른 목사님이나 사역자들의 부인을 부를 때는 마땅한 호칭이 없어서 어쩔 수 없이 '사모님'이라고 하지만, 나는 죽을 때까지 내 아내를 소개할 때 '사모'라는 호칭을 쓰지 않을 것이다.

 내 아내는 '사모'가 아니다.
 내가 '사모'하고
 내가 '사랑'하는 '사람'이다.
 내 '안에' 사는
 내 '아내'다.

 이게 내 대답이다.

기독교의 괴상한
정신 승리를 아시나요

**정신 승리 말고
정직 승리가 필요해**

 기독교 안에는 좀 괴상한 정신 승리가 있다. 누가 봐도 분명한 범법 행위를 해놓고선 그걸 성경에 나오는 인물이 한 일이랑 매칭을 시켜서 마치 '신앙적'인 것처럼 만드는 일이다. 이를테면, 잘못을 해서 감옥에 가면 요셉이고, 성적인 범죄를 저지르면 다윗이고, 사기를 쳐놓고선 복을 추구한 야곱이라 하고, 가해자면서 십자가를 지는 거라고 말한다.

 범법을 해서 감옥에 가면 그 죄명에 맞게 탈세했으면 탈세범이고, 강간했으면 강간범이고, 살인했으면 살인범이지, 요셉이 아니다. 성적인 죄를 지었으면 다윗이 아닌 성범죄자고, 사기를 쳤으면 야곱이 아니라 사기꾼이다. 가해자가 지는 건 십자가가 아니다. 오직 죄에 따른 징벌일 뿐이다.

  이런 식으로 성경 인물들의 사건을 가지고 와서 명백히 잘못된 자신의 행동을 신앙으로 승화시키는 것은 삐뚤어진 정신 승리다. 진정한 승리는 오히려 잘못한 행동을 직면하고 그것을 신과 사람 앞에서 인정하는 데에서 온다. 자기 잘못을 깨닫고 솔직하게 말할 수 있는 것이 신앙의 힘이기 때문이다.

  왜 이런 일이 일어날까. 신앙의 몰상식화 때문이다. 물론 하나님은 종종 상식을 초월해서 일하신다. 그런 하나님을 믿는 사람들은 하나님의 초월성을 믿는다. 하지만 하나님은 대부분 상식 안에서 일하신다. 그러므로 하나님을 믿는 사람들 역시 상식 가운데서 행하여야 한다.

  상식의 뜻은 '사람들이 보통 알고 있거나 알아야 하는 지식. 일반적 견문과 함께 이해력, 판단력, 사리 분별 따위'로 정의된다(네이버 국어사전). 믿음이 주는 초월성은 분명 이렇게 정의된 상식을 뛰어넘을 때가 있다. 하지만 윤리나 도덕을 파괴해서 발현되는 믿음과 신앙이란 없다. 그것은 종교적 탈을 쓴 고도의 자기 합리화일 뿐이다.

그리고 성경 인물들의 사건으로 올바르게 승화시킨 것도 아니다. 구약성경에 나오는 다윗은 여러모로 좋은 사람이 아니었다. 하지만 그럼에도 불구하고 그가 하나님의 편애에 가까운 사랑을 받을 수 있었던 것은, 당시 왕으로서 선지자의 입에서 나오는 말을 묵살해 버리고 심지어 그를 죽일 수도 있었지만, 자신의 죄를 지적하는 그 날카로운 칼날을 어떤 갑옷이나 방패로 막거나 흘려보내지 않고, 치명상을 입은 상태 그대로 하나님을 정직하게 의지했기 때문이다.

이런 게 삐뚤어진 정신 승리, 종교의 탈을 쓴 자기 합리화가 아닌, 신앙의 승리다. 기독교 신앙의 능력은 하늘을 가르는 능력이나, 땅을 진동시키는 이적이나, 죽은 사람을 살리고 병든 사람을 고치는 기적이 아닌, 신 앞에서의 정직함과 진실함이다.

정신 승리 말고 정직 승리가,
자기 합리화 말고 자기 회개화가,
기적보다는 상식이 필요하다.

스스로를 속이는 정신 승리에
만족하고 있는 것은 아닌지···

가속화되는 인간의
악마화 앞에서

**악마의 머리에는
뿔이 없다**

　　　　　　　　　　악마는 시대마다 악의 기원과 주축으로서 적절한 이미지로 연상되곤 했다. 개인에게도 마찬가지다. 어렸을 적 생각했던 악마는 주로 뿔 달리고, 잠자리 날개 같은 것이 있고, 포크를 든 모습이었는데, 자라면서 몇 번씩이나 다른 모습으로 변하곤 했다.

　요즘 와서 악마라는 말을 들으면 다른 어떤 모습이 아닌 오직 한 가지가 떠오르는데 바로 인간이다. 언제부터인가, 아마 서서히 진행되었을 터이지만, 지금 내 안에서 악마의 이미지는 완벽하게 인간으로 굳어져 버렸다. 머리에 뿔이 나지도 않고, 괴상한 날개도 없고, 포크도 들지 않은, 그저 어디서나 볼 수 있는, 어떤 공식으로도 악마를 도출할 수 없을 것 같은 평범한 얼굴을 한 인간.

이렇게 된 데에 결정타가 된 것은 'N번방' 사건이다. 언제나 '사람이 어떻게 저럴 수 있지?'라는 생각을 할 만한 사건들은 끊이지 않지만, 그럼에도 웬만한 것들에는 내성이 생겨서 그런지 크게 충격을 받지 않곤 했는데, 그 사건만은 달랐다.

인간이었던 존재가 여러 가지 이유로 말미암아 삐뚤어져서 행한 악이겠거늘 할 수 있는 것이 아니었다. 애초에 악으로 똘똘 뭉쳐 태어난 존재가 아니고서는 저런 일을 생각할 수 없다고 여겨졌다. 한동안 무수히 달렸던 댓글 중 늘 베댓이었던 '악마 : 저건 나도 좀…(머쓱)'이 전혀 틀리지 않을 정도로 끔찍한 악마적인 일이었다.

인간의 악마화가 가속되고 있다. 관성의 법칙과 같이 가속된 악마화는 그 수위가 낮아지는 법이 없다. 인간이라면 0.1초도 생각해 낼 수 없는 끔찍한 악이 매년 등장한다.

그렇다면 이제는 인간으로 태어난다고 해서 저절로 인간이 되는 것이 아니라는 것을 빨리 알아채고, 인간을 인간 되게 만드는 일에 많은 것을 쏟아야 하지 않을까 생각한다. 그 어떤 것보다 '인간 수업'이 시급하다.

한 세대 혹은 그 전 세대까지만 해도 어느 정도의 범주 안에서만 어긋나지 않아도 인간이 되는 데는 큰 문제가 없었다. 하지만 지금 시대는 그 어느 정도의 범주라는 것이 존재하지 않을뿐더러, 인간을 인간답게 만드는 요소들이 하찮게 여김을 받고 있다. 알게 모르게 만들어진 악마화를 가속하는 구조 속에 휩쓸려 살아가다 문득 거울을 보면 악마가 되어 있는 자신의 모습을 발견할지도 모른다.

새삼스레 '인간이란 무엇인가'라는 질문을 자주 던지곤 한다. 답은 고사하고, 그 질문의 끈을 놓는 순간에 나 역시 부식되듯 악마화가 되어가는 건 아닐까 하는 두려움이 생긴다. 한 끗 차이다.

내가 아는 가장 확실한 인간 수업이란 아무래도 인간 자체다. 인간은 인간과 살 때에 인간이 된다. 과거의 어느 시점이든, 인간들 옆에는 늘 인간이 있었다.

이웃이라고 부를 수 있는 동네 아줌마, 아저씨, 할머니, 할아버지, 형, 오빠, 누나, 언니, 동생. 그들과 인사하고, 웃다가 울다가 싸우고 다시 친해지고, 놀고먹고, 눈을 마주치고 손을 잡고, 어떤 것들을 나눠 쓰고 다시 쓰고 돌려쓰고…. 그러면서 피는 섞이지 않았어도 우리는 끈끈하게 연결이 되어 있는 존재들임을 알게 되는, 따뜻한 피가 흐르는 체온을 공유하고 싸우고 화해하고 다시 친해지는 그런 과정들 모두가 최고의 인간 수업이 아니었을까.

가속화되는 인간의 악마화를 막기 위해
우리 모두 서로에게 인간 수입이 되어 줄 수 있기를.
'인간이란 무엇인가'라는 질문에
나의 존재가, 너의 존재가 답이 되어 줄 수 있기를.

Chapter 2

일과 영성

악한 게 아니라
약한 거였다 1

**택배 알바,
그 체험 삶의 현장 속에서**

결혼하고 틈틈이 하던 알바들을 그만두고 오로지 책상에 앉아서 공부만 했던 시절이 있었다. 참으로 행복한 나날들이었다. 문득 그런 시간 속에서 나라는 사람이 잔인해지는 것을 느꼈다. 지식의 칼을 갈면서 그 날카로운 끝을 사람들에게 마구 갖다 대는 내 모습이 발견됐다.

'왜 열렬하게 기도하지 않습니까, 왜 큐티하지 않죠, 왜 말씀을 공부하는 데 열심이지 않습니까, 왜 들은 말씀대로 살아가지 않습니까, 왜 죄를 짓죠?' 이런 질문들을 던지며, 제대로 신앙생활을 하지 않는 듯한 사람들을 보면서 많은 답답함을 느꼈다. 오직 책상에 앉아서 말이다. 설교할 때나, 성경을 가르칠 때 무의식적으로 날카로운 교리의 포크 끝으로 사람들의 영혼을 쿡쿡 찍었다. '왜 못 하는 걸까, 아니 왜 안 하는 걸까'라는 의문에 답을 찾지 못해서 그런 식의 폭력으로 물었던 것이다.

그러다가 시절이 바뀌었다. 집에서 자전거 타고 10분 거리에 있는 택배 회사에서 다시 일을 하게 되었기 때문이다. 가르치고 말한 대로 삶으로 보여 줄 차례가 왔다고 생각했다. 매일 5시에 일어났고, 5시 반에 새벽기도에 가서 설교 듣고, 6시에서 6시 50분까지 기도하고, 7시 20분까지 큐디하고 일터에 나가서 예배하는 마음으로 일을 했다. 일은 힘들지만 마음은 하늘이 주신 평강으로 가득하고 기뻤다. 딱 일주일 동안만.

일 시작하고 나서부터 새벽기도를 나가는 것은 추억이 되었다. 새벽기도를 갔다가 바로 일을 하러 가면 어마어마한 육체적인 에너지가 소모되는 가운데 잘 수 없다는 실제적인 피곤보다 더 무서운 상상 속의 피곤이 대단한 부담으로 나를 짓눌렀다. 몇 번의 상상 새벽기도 끝에, 새벽에 일어났을 때 바로 수면기도 모드로 기도했다.

'일을 하면서도 예배할 수 있지', '일하러 가는 게 아니라 예배드리러 가는 거야'라는 마음으로 일하면 그게 예배라고 생각했다. 하지만 아침마다 3.5톤 트럭에 가득 찬 택배들을 보며 '주님, 오늘도 이 자리 가운데 저와 함께해 주실 거죠?'라고 물어보면 '나는 십자가를 졌으니, 그건 네 몫이다'라고 말씀하시는 것 같았다. 예수님은 죄의 무거운 짐은 다 해결해 주셨지만, 택배의 무거운 짐까지 해결해 주시진 않았다.

절인 배추 15박스(하나당 20kg)를 두 박스씩 엘리베이터가 없는 빌라 5층까지 걸어서 배달하고, 40kg짜리 쌀 5포대를 엘리베이터가 없는 빌라 4층까지 걸어서 배달하는 것을 밥 먹듯이 하니, 삶의 예배가 웬 말인가. 그리스도와 함께 십자가에 못 박혔을 때 다 못 박았다고 생각한 옛사람의 쌍시옷의 옷을 입은 언어들이 샘 솟듯 터져나왔다. 책상에서 그려왔던 이상적인 그리스도인의 모습은 일상에서는 그저 상상일 뿐이었다.

목회자들은 어떤 의미에서 보면 영적인 부르주아라고 말할 수 있다. 책상에 앉아 경건의 의무를 다하며 살아간다면, 일반 성도들보다 영적으로 풍성함을 누릴 수 있다. 하지만 책상에만 앉아서 영적인 부르주아 꼴을 하고 있으면 다소 잔인해진다.

즉, 성도들의 신앙생활에 대해서 심각한 이해 결핍을 가지게 되는 것이다. 진실하고 정직하게 살려고 발버둥 치는 성도들이

어도 연약함들이 있기 마련이고 속사정이 있기 마련이다. 그 모든 것은 획일화된 날카로운 교리의 칼을 갖다 대고 고기 썰듯이 썬다고 해결되는 것이 아니다. 그런 설교나 가르침은 듣는 사람들의 마음의 상처를 치유하기는커녕 상처를 만든다.

　진실하게, 정직하게 전하는 것은 잊지 말되, 그럴 수밖에 없는 연약함을 깊이 끌어안고 자신 안에도 그러한 연약함이 있음을 함께 나누며 선포해야 한다. 그럴 때 날카롭고 차가운 가르침보다는 조금 무디더라도 뜨겁게 덥구어진 가르침이 더 빨리 마음에 구멍을 뚫을 수 있는 법이다. 흔히 시대정신의 흐름에 합류한 설교들을 현실적이라 하는데, 나는 목회자가 성도들의 속사정을 마음 깊숙한 곳에서 함께 느끼면서 많은 눈물을 머금고 외치는 모든 설교가 진정한 현실적인 설교라고 생각한다.

　후에 사우나에서 일을 했다. 새벽근무를 나갈 때에는 5시 반까지 출근해야 했는데, 집에서 3시 50분에 일어나서 4시 첫차를 타야지 간신히 늦지 않고 갈 수 있었다. 첫차에는 항상 사람들이 가득 차 있었다. 내가 곤히 자고 있던 시간에 그렇게 많은 사람들이 깨어서 현실 속에서 발버둥 치면서 살고 있었던 것이다. 책상에만 앉아서 공부해서는 절대로 알 수 없는 영역이었다.

 오후 근무를 나가면 낮 12시에 출근해서 밤 12시에 퇴근하고 집에 도착했다. 일을 하면서 욕도 많이 먹고, 스트레스도 많이 받았다. 몸이 지친 날에는 지하철을 타고 오는데 맨정신으로 돌아오기가 힘들었다. 감당할 수 없는 무게 속에서 기도의 가락도 잘 잡히지 않았다. 아니 기도뿐만 아니라 아무것도 하고 싶지 않았다.

 그 시간을 복기해 보니 직장인들의 삶의 무게가 어느 정도 되는지 어렴풋이 알 수 있었다. 그들이 집에 안 들어가고 술을 마시는 것에 대해서 정죄가 아닌 깊은 연민이 들었다. '술 마시는 것은 죄다'라는 어쭙잖은 단죄보다, 그거라도 마시지 않으면 버틸 수 없는 그 사람들의 참을 수 없는 곤고함들이 눈앞에 어른거려서 많이 울었다.

 성경을 많이 보고 싶었다. 두꺼운 책들을 읽고 싶었다. 글도 마음껏 쓰고 싶었고, 오래 기도하고 싶었다. 그러려면 일을 그만두어야 하는데, 그러면 도저히 재정적인 형편이 감당이 안되었다. 어쩔 수 없이 일을 해야만 했다. 이런 게 일상 자체인 사람들의 마음속에 있는 갈급함이 느껴졌다. 성경을 보고 싶은데 볼 수 없는, 알고 싶은데 잘 모르겠는, 기도하고 싶은데 기도가 잘 터지지 않는, 하나님을 사랑하지 않는 건 아닌데 사랑할 힘조차도 이리 치이고 저리 치이면서 점점 빠져나가는 현실들…. 그동안 '악함'이라고 생각했던 것들이 '약함'이라는 것을 비로소 알게 되었다.

　이런 시절 속에서 반년 조금 넘게 성경도 많이 못 보고, 두꺼운 책도 읽지 못하고, 기도도 많이 못 했다. 책상에 앉아 있었던 기억도 점점 사라졌다. 하지만 분명히 그때 이후로 설교와 글이 많이 업그레이드되었다. 신학적인 묵직함이야 여전히 부족하지만 사람들의, 삶의 그 속사정들을 품은 눈물을 머금어서 그런지, 그것을 보완할 수 있는 다른 묵직함들이 설교에 생명력을 불어넣어 주었다. 부족하나마 사람들의 삶의 아픔들을 공감하며 현실적인 설교를 할 수 있게 되었던 것 같다.

　자비와 긍휼로 갈지 않은 교리의 칼날은 신앙이라는 이름의 폭력이다. 잔인한 설교자가 아닌 마음이 따뜻한 사람이 되고 싶다. 글을 쓸 때는 창조주가 된 듯 자아가 팽창되기 쉽고, 말씀에 붙잡혀서 열렬하게 쏟아내는 열정 이면에는 자아성취와 자기증명이라는 그림자가 있기 마련이며, 하나둘씩 신학적인 지식들이 쌓이다 보면 신학적 허세에 취하게 될 수 있다. 쉬지 않고 일했던 시간들은 이 모든 오류들을 현장에서의 피 땀 눈물을 통해 뜨거운 안녕을 고하도록 해주었다.

위대한 신앙 위인보다 사람이 되고 싶다. 탁월한 종교전문가, 목회꾼보다 마음이 따뜻한 사람이 되고 싶다. 이 모든 과정들로 말미암아서 사랑을 나눠 줄 만큼 행복한 사람이 되면, 그대에게 제일 먼저 자랑할 거다. 그댈 제일 먼저 안아 줄 거다.

약한 게 아니라
약한 거였다 2

**결혼 준비가 너무 빡세서
알게 된 진리**

나는 결혼을 한 달 만에 준비해서 했다. 그때의 시간들을 돌아보면 정말 정신이 나갈 정도로 바빴다. 우선 여의도에 있는 사우나에서 오전조일 때는 오전 6시부터 오후 2시까지 일했고, 오후조일 때는 오후 2시부터 오후 10시까지 일했다.

결혼식 일주일 전까지 했고, 신혼여행 갔다 와서도 바로 일했다. 그렇게 일을 했던 일차적인 이유는 돈이 없어서였다. 그리고 한 가지 더 이유가 있었다면 이런 생각이 들어서였다. 사실 모든 일반 직장을 다니는 사람들이 결혼을 준비한다고 직장을 잠시 휴식하고 하지는 않는다. 다 직장을 다니면서, 자기 할 일을 하면서 바쁘고 빠듯하게 준비한다. 나의 직장은 교회

이고, 나는 파트전도사여서 토요일과 주일만 나가면 되지만 대부분의 일반 직장인들은 그렇지 않다. 그래서 이번 기회에 일반 직장인들의 고충을 이해하고 싶어서 굳이 그렇게 하는 길을 택했다.

정말 엄청나게 바빴다. 오후조일 때는 아침에 여기저기 돌아다니며 준비하다가 출근하면 그곳에서 하루가 다 지나갔다. 오전조일 때는 일이 끝나자마자 바로 여기저기 돌아다니며 준비하다가 만날 사람들을 만나고 집으로 돌아오면 10시, 11시가 부쩍 넘었고 하루를 정리한 후 겨우 4시간만 자고 새벽에 출근했다. 말씀 묵상을 일주일에 한두 번 하면 정말 기적이었고, 교회 가서 시간을 정해 놓고 기도하는 것은 꿈도 못 꾸었다. 일을 하다가 쉬는 시간에 지하 4층에 가서 누워서 기도하거나, 버스나 지하철을 타고 홀로 이동하는 시간에 기도하는 게 전부였다.

그렇게 반복 또 반복하다 보면 금세 금요일이 되고 그때부터는 설교에 대한 대단한 압박이 들어왔다. 뭐 든 게 있고 준비할 시간이 있어야 설교를 준비하지 정말 엄청난 압박이었다. 없는 걸 짜내고 긁어 모아서 설교할 수 있는 자원을 만들면, 거기다가 불을 붙이려고 안간힘을 써서 겨우 불붙기 시작한 설교를 가지고 주일에 급급하게 섰다. 때때로 여러 가지 환경과 상황에 치일 때는 그마저도 안 돼서 정말 내가 이러고 강단에 서도 되나 싶을 정도의 바닥 같은 상태에서 섰을 때도 많았다.

  결혼 준비가 거의 절정으로 치달을수록 사역을 하는 게 몹시 힘들었다. 내가 담당전도사이기 때문에 그 자리를 정말 울며 겨자 먹기로 지켰지 담당전도사만 아니었으면 반드시 사역을 하러 가지 않았을 것이다. 마침내 결혼을 하고 다음 날 주일예배까지 마치고 저녁에 신혼여행 가는 비행기를 탔을 때 비로소 모든 긴장이 풀려 정말 간만에 깊은 잠에 빠져들었다. 그때의 그 시간은 일반 직장을 다니는 분들이 주일에 나와서 부서를 섬긴다는 것이, 주어진 사역을 감당한다는 것이 어떤 의미인지 심장을 한 대 맞은 것 같은 깨달음을 주었다.

  내가 결혼을 하고 난 뒤에 우리 부서의 피아노 반주를 하시는 선생님 한 분도 11월에 결혼을 하신다고 했다. 결혼을 준비하는 과정에서 주일 1부 예배를 거의 못 나왔다. 경건회도 참여하지 못할 때가 훨씬 더 많았고, 어떤 날은 예배가 11시 시작인데 5분 전에 와서 반주를 맞춰 보기도 했고, 심지어 어떤 날은 예배 시간에 갑자기 못 온다는 연락이 와서 내가 대신 반주를 하기도 했다.

이전의 나였으면 분명히 한 소리를 했을 텐데 이상하게 그 한 소리가 나오지 않았다. 오히려 내 입에서 나온 것은 "괜찮아요?"라는 말이었다. 책망이 아닌 위로가 나왔다. 이유인즉, 그 선생님은 일반 직장인인데 월-금까지 한의원에서 9시부터 6시까지 일했고 토요일은 9시에서 4시까지 일했다. 그런 상황에서 결혼 준비를 하고 있었고, 주일 교회학교 사역까지 하는 것이었다. 거기다가 중심이 잘못된 선생님이 아니라 오히려 삶 속에서 그리스도인으로 살려고 발버둥 치는 선생님이라는 것을 진작부터 알고 있었다.

예전 같았으면 분명 "선생님, 그래도 중심을 이곳에 잘 두고 행하셔야죠. 그렇게 섬기면 하나님이 기뻐하시겠습니까? 결혼보다 사역이 먼저 아닙니까? 마음을 잘 지키세요"라는 식의 말을 했을 텐데, 내가 일을 하면서 결혼을 준비했었던 힘든 기억들이 말문을 굳게 막았다. 저 선생님이 왜 지금 저럴 수밖에 없는지 십분 이해가 갔다. 나도 막상 그 상황에서 제대로 못했던 사람이었다. 뭐라 할 자격도 없는 사람이었다. 그래서 위로할 수 있었다.

"선생님, 그럴 수도 있어요. 너무 자책하지 마세요. 저도 결혼 준비할 때 다 그랬어요. 이렇게 늦게라도 나와서 자리 지키시는 게 정말 기적이에요. 제가 일반 교사였으면 전도사님한테 사역 도저히 못 하겠다고 하고 진작에 내려놨을 거예요. 힘내세요. 시금 찔하고 세세요."

단 한 번도 그 선생님에게 뭐라고 한 적도 없고, 할 마음도 없었다. 나의 모습을 돌아보며 충분히 이해했을 뿐이다. 결국 선생님은 결혼 준비 막바지에 도저히 부서까지 함께 섬길 수 없다며 내려놓고 싶다고 했고, 나는 흔쾌히 보내 드렸다. 그 후로 그 선생님은 잘 결혼하셨고, 교회에서 만나도 어색하지 않고 편하고 참 좋은 관계로 지냈다.

사실 목회자가 일반 성도들의 삶을 이해하는 것은 거의 불가능하다고 볼 수 있다. 특별한 경우가 아니면 그런 삶의 자리를 경험할 기회가 없기에 그러하다. 그렇기 때문에 그분들의 신앙에 대해서 함부로 폄하하기가 쉽다. '왜 말씀에는 이렇게 나와 있는데, 이렇게 못 하고 저렇게 할까? 왜 저 정도밖에 못 살까? 왜 저렇게 행동할까? 정말 중심이 엉망이고, 신앙이 이상하구나.' 이런 식으로 말이다.

실상 그분들이 겪는 현실은 폭풍 같아서 멀리 밖에서 볼 때는 방향이나 속도 같은 것이 눈에 훤히 잡힐 듯 보이지만, 막상 그 안으로 들어가면 엄청난 힘 때문에 방향도 속도도 잡히지 않고 정신없이 휘말리기 마련이다. 현실에는 지뢰밭같이 무수한 변수들이 존재하기 때문에 교리의 칼로 딱딱 잘라서 이건 이래서 잘못되고, 저건 저래서 잘못되었다고 판단할 수가 없는 것이다.

그분들은 믿음이 없는 게 아니다. 돈독이 올라서, 돈에 미쳐서 그런 게 아니다. 하나님과 세상을 겸하여 섬겨서 그런 게 아니다. 직장에서 타협을 해서 그런 게 아니다. 다니엘처럼 뜻을 정해 믿음으로 살려고 애써도 현실에서는 다니엘처럼 그렇게 높여지는 일보다는 유난스럽다고 욕을 먹게 될 때가 많다. 돈독 올라서 주말에도 출근하는 게 아니라 직장의 구조가 그러해서 어쩔 수 없는 경우가 정말 많다. 그건 하나님과 세상을 겸하여 섬기는 게 아니다. 타협도 아니다. 실제로 그런 구조를 거스르면 직장을 잘리게 되는데 그럼 그걸 누가 책임진단 말인가? 그에 대해 믿음이 없다고, 중심이 잘못되었다고 말하는 건 정말 몰라도 한참 모르는 책임감이 없는 소리다.

실제로 그 폭풍 속에 들어가면 살아내는 것이 쉽지 않다. 교회에서는 입으로 신앙생활을 할 수 있어도, 그곳에서는 입이 아닌 삶으로 신앙생활을 해야 되기 때문에 정말 피가 튀긴다.

매일매일 전쟁을 치르는 것이다. 살아 보면 일을 하며 그리스도의 복음을 전하기는커녕 본인의 신앙 하나 지키는 것도 힘겨운 일이라는 것을 곧 알게 된다.

대부분의 성도들이 그렇게 살다가 교회에 나온다. 그렇게 살아내며 주일에 부서나 맡겨진 사역을 감당한다. 그러니 그런 수고는 정말 숭고한 것이다. 목회자는 교회의 일이 자신의 일이니까 그것을 하는 게 자연스럽고 당연스럽지만, 대부분의 성도들에게 교회의 일은 어떻게 보면 당연하게 부여되는 것이 아니다.

교회에 나와서 일을 하면서 더한 헌신을 강요받고, 심지어 욕까지 먹는다. 새벽예배, 수요예배, 금요예배 몇 번 빠지면 믿음 없는 사람으로 낙인찍힌다. 주중에 교회 일이 있는데 안 나오면 헌신할 줄 모르는 사람으로 낙인찍힌다. 일단 교회 안에서 많이 보여야지 믿음 좋은 사람이고, 일하는 자리마다 다 안 오면 이상하게 눈치가 보이게 만든다. 정말 속상한 노릇이다.

이 모든 과정들을 통해 내가 한 가지 분명하게 배운 게 있다면 '함부로 말하지 말기'였다. 막상 나도 그 속에 들어가서 하지 못했던 것을 왜 못 하냐고 말할 수 없었다. 오히려 "정말 힘드시죠?"라는 위로가 먼저 나왔고, 그 후에는 그 삶의 속사정들을 품은 기도가 나왔다. 이분들이야말로 믿음이 없는 사람들이 아니라, 진짜 믿음이 있기에 이렇게라도 행하는 것임을 깊이 알게 되었을 때 무릎을 꿇고 그동안 함부로 지껄였던 말들을 회개했다. 그 후부터는 '함부로' 말하지 않고, '소중하게' 말하게 되었다.

  교회에 나오는 사람들 중 얼마나 많은 이들이 본인이 하고 싶은 일을 하며 살까? 대부분의 사람들이 해야 하니까, 먹고 살아야 하니까 일을 한다. 무미건조한 나날들이 다람쥐 쳇바퀴 돌 듯이 반복된다. 그건 힘들고 지치는 일이다. 그들 중 상당수는 말씀에 대한 사모함이 없어서 성경을 안 읽는 게 아니라, 읽으려고 애는 쓰는데 무슨 소리인지 몰라서 못 읽는 분들이 많다. 그래도 말씀을 붙잡으려고 발버둥 치며, 예배당에 나와서 기도하지는 못하지만 순간순간 하나님을 의지하면서 기도한다. 그 속에서 부어지는 겨자씨 한 알 같은 은혜를 가지고 삶 속에서 하나님을 사랑하는 마음으로 정직하고 착하게 살려고 애쓴다.

  교회 안에서 보이는 모습보다, 보이지 않는 삶 속에서 아름다운 향기를 풍기며 사시는 분들이 있다. 가난하고 어려운 분들이 많지만 그렇게 이겨내며 살아간다. 그렇기에 그 속에는 항상 은혜에 대한 갈급한 심령이 있다. 그래서 대부분의 성도들은 사실 교회에서 행사에 참여하기보다 성경을 알기 원한다. 혼자서는 도저히 말씀을 깊이 알 수 없기에 신학 지식을 가진 목회자들이 제대로 알려 주기를 원하는 것이다. 그래야 읽을 수 있고, 그래야 살 수 있으니까. 악해서 성경을 안 읽는 게 아니라, 약해서 못 읽는 거다. 예배당에서 기도하지 못할 뿐이지, 진정 쉬지 않고 기도하는 삶이다.

목회자들은 이러한 사실을 심장에 새기고 살아가야 한다. 삶의 치열함 속에서 살아가는 갈급한 성도들에게 하나님의 말씀을 전하고 가르치는 것이다. 그렇다면 어떠한 말씀을 전하고 가르쳐야 하는가? 다른 복음이 아닌, 있는 그대로의 하나님의 말씀을 진실되고 정직하게 눈물로 준비해서 전하고 가르쳐야 한다. 그러므로 한 편의 설교는 단지 자신의 신학적인 풍성함을 자랑하거나, 탁월한 설교자로서의 카리스마를 인정받기 위해서 준비되는 것이 아닌, 성도들을 살리기 위해서 준비되어야 한다. 감히 그들의 삶 속 치열함에는 동참하지 못하지만, 그것을 늘 심장에 새기고 골방에서의 치열함으로 같이 응수하며 제대로 된 말씀을 공급해 주기 위해 피 흘리며 수고해야 한다. 기도 속에서 성도들을 생각할 때에 어찌할 수 없는 아픔 때문에 흘리는 그 눈물이 설교를 마르지 않는 촉촉한 생수로 만든다.

  교회는 이렇게 세워진다. 성도들이 나쁜 게 아니라 이러한 속사정을 모르는 목회자가 나쁜 목회자다. 성도들의 말 못 할 삶의 속사정들을 잊지 않는 사람이 되고 싶다. 함께 울어 줄 수 있는 사람이 되고 싶다. 울어야 하는데 울지도 못할 만큼 힘들고 메마른 사람들에게 눈물이 되고 싶다. 그리고 마침내 웃게 하실 그때에 함께 활짝 웃어 줄 수 있는 사람이 되고 싶다.

직장에서
관계에 대처하는
우리의 자세

**철이 철을
날카롭게 하듯이**

잠언 27장 17절에 보면 이런 말씀이 나온다. "철이 철을 날카롭게 하는 것같이 사람이 그의 친구의 얼굴을 빛나게 하느니라." 조금 아리송한 이 말씀은 쉬운성경 버전으로 보면 그 의미가 명확해진다. "쇠는 쇠에 갈아야 날카롭게 되듯이 사람은 사람에게 부딪혀야 다듬어진다."

무슨 뜻인가? 쇠는 두부로 갈면 날카로워지지 않는다. 쇠를 날카롭게 하기 위한 가장 좋은 방법은 같은 쇠로 가는 것이다. 쇠가 날카로워진다는 것은 곧 쓸 만해진다는 것이다. 이처럼 사람을 가는 데 있어서 가장 좋은 도구는 사람이다. 사람은 사람을 만나서 갈려야 다듬어지고 쓸 만해진다. 신앙을 가진 후 죽을 때까지 계속되는 훈련이 하나 있다면 인격이 다듬어지는 훈련이다.

신앙은 어느 순간인가 큰 은혜를 받고 확 하고 변화될 때가 있지만, 인격이라는 것은 아무리 큰 은혜를 받아도 확 변하지 않는다. 오랜 세월 그 사람의 살아온 걸음걸이가 차곡차곡 쌓여서 형성된 성과 같은 것이기 때문이다. 그래서 우리를 사랑하시는 자비로우시고 지혜로우신 하나님께서는 우리를 더 쓸 만한 아름다운 사람이 되게 하시려고 가장 좋은 사람을 섭리 가운데 붙여 주신다. 좋은 사람이란 누구일까? 나를 더 아름답게 만들어 주는 사람이 좋은 사람이다.

직장에서 누가 봐도 좋은 사람이 있다. 우리를 격려해 주고 위로해 주고, 사랑해 주는 사람. 확실히 그런 사람은 우리를 더 아름답게 만들어 주니 좋은 사람이다. 요나단 같은 친구 말이다. 하지만 누가 봐도 나쁜 사람이 있다. 우리를 힘들게 하고 불편하게 하고 상처를 주는 사람. 하지만 이 사람들도 역시 좋은 사람이다. 왜냐하면 이 사람들 또한 우리가 신앙으로 반응할 때에 우리를 더 아름답게 만들어 주는 좋은 사람이기 때문이다. 사울 같은 사람 말이다.

만약에 우리에게 요나단 같은 좋은 사람들만 있다면, 우리의 내면에 감춰져 있는 어둠과 마주칠 일이 없을 것이다. 맨날 칭찬과 격려와 인정만 해주는데 안에 있는 열기나 녹기, 어둠들이 왜 튀어나오겠는가? 하지만 사울 같은 나쁜 사람을 만나면 우리의 내면에 감춰져 있는 어둠과 마주할 수 있다. 어쩌면 그런 사람을 만나지 못했더라면 절대로 발견할 수 없었던 부분일 것이다. 이것을 발견하게 되는 것은 엄청난 유익이다. 암세포를 빨리 발견할수록 완치가 가능하듯, 우리 안에 있는 어둠 역시 빨리 발견할수록 완치가 가능하기 때문이다.

종은 무엇으로 치느냐에 따라서 소리가 모두 다르게 난다. 하나님도 우리를 더 좋은 소리 나게 하시려고 이 사람 저 사람으로 두들기셔서 우리 안에 어떤 소리들이 잠재되어 있는지를 발견하게 해주시는 것이다.

나에게 잘해 주는 착한 사람만 좋은 사람이 아니라 나에게 막하는 나쁜 사람 역시 좋은 사람이다. 어떤 의미에서는 나에게 잘해 주는 사람보다 나에게 막하는 사람이 신앙으로 반응할 때 나를 더 아름답게 만들어 주기 때문에 결국 더 좋은 사람일 수도 있다.

사울이 없었다면 다윗은 다윗 되지 못했을 것이다. 사울이 없었다면 다윗은 압살롬이 되었을 것이다. 다윗을 다윗으로 만든 것은 사울이었다.

오늘도 각자의 주어진 상황과 환경 속에서
사람 훈련받으며 더 아름다워지고 있는
모든 사람들, 파이팅!

나를 치는 사람에게
신앙으로 반응하겠습니다.

약해도
쓰임 받을 수 있다

**하지만
계속 약하면?**

　　　　　　　　　　　'약해도 쓰임 받을 수 있다'는 말은 신앙 세계에서 검증된 이론과 같다. 특히, 나같이 약함이 많은 사람에게 이 말은 얼마나 달콤한지, 약해도 쓰임 받을 수 있다가 아니라 약해야 쓰임 받을 수 있다고까지 말하고 싶을 정도다. 하나님은 실로 '약한 자'를 쓰기를 좋아라 하시는 것 같다. 자신의 기록된 말씀인 '구약'과 '신약' 한 자를 쓰기를 좋아라 하시고 또한 가진 것 없고, 힘없고, 모나고, 못난 그런 약한 사람을 쓰기를 좋아라 하신다.

　하지만 최근에 '약해도 쓰임 받을 수 있다' 혹은 '약해야 쓰임 받을 수 있다'는 이 이론에 여기가 좋사오니 하고 머물러서는 안 된다는 생각이 들었다. 약해도 쓰임 받을 수는 있지만,

약할 때 쓰임 받은 그것이 은혜로 이어지지 않는다면 악으로 미끄러지기 때문이다. 약해도 쓰임 받을 수는 있지만, 쓰임 받은 후에 약함을 그대로 놔두면 악해진다.

   사사기에 나오는 사사들은 이것의 좋은 예를 보여 준다. 기드온, 입다, 삼손 모두 약함을 가진 사람들이었고, 약해도 쓰임 받을 수 있다는 것을 보여 주었다. 그리고 쓰임 받은 후에 약함을 그대로 놔둬서 악해진 사람들이었다.

   기드온은 하나님만 빼고 다른 건 모두 두려워하는 희한한 약함을 가지고 있는 가운데 큰 용사처럼 쓰임 받았다. 쓰임 받은 후에 그 약함을 그대로 놔두니 악해졌다. 하나님만 빼고 다 두려워하다가 힘이 생기니 두려운 게 없어졌다. 동족들을 살육하고, 사사 권력을 사유화시키고, 여호와의 이름을 빙자해 자신이 영광을 누렸다.

   입다는 아버지를 아버지라 부르지 못하는 출생의 아픔으로 정체성과 자존감에 약함이 있었다. 이 약함에도 그는 이스라엘의 홍길동처럼 탁월한 존재감을 보이며 쓰임 받았다. 쓰임 받은 후에 그 약함을 그대로 놔두니 악해졌다. 마치 자신이 이스라엘의 왕이라도 된 듯 계속 존재감을 피력하더니, 급기야 신양적인 영역에서도 그것을 극대화하려고 무리수를 두다가 아무 잘못 없는 자기 딸을 죽게 만들었다.

삼손의 약함은 하나님 없는 강함이었다. 나실인의 서원을 밥 먹듯이 어기면서도 하나님 없는 강함은 소멸되지 않아서, 나귀 턱뼈로 천 명을 죽이는 압도적인 무력으로 쓰임 받았다. 쓰임 받은 후에 그 약함을 그대로 놔두니 악해졌다. 하나님 없는 강함은 곧 오만방자함으로 이어져 머리털을 밀리고도 여호와께서 떠난 줄을 깨닫지 못했고, 두 눈이 뽑히고 옥에서 맷돌을 돌리며 조롱거리가 되다가 속 시원하지 않은 마지막 불꽃을 태우고 생을 마무리했다.

약해도 쓰임 받을 순 있지만 약함을 그대로 놔두면 악해진다. 약함에도 불구하고 쓰임을 받았다면, 그 약함을 은혜로 보완해야 한다. 그래야 악해지지 않고 계속해서 쓰임을 받을 수 있다. 이런 맥락에서 사도 바울은 쓰임 받은 후에 어떻게 해야 하는지 훌륭한 방법을 제시한다.

> 내가 내 몸을 쳐 복종하게 함은 내가 남에게 전파한 후에 자신이 도리어 버림을 당할까 두려워함이로다 _고전 9:27

그러므로 쓰임 받은 것에 취하지 말고 여전히 남아 있는 약함과 싸워야 한다. 약함은 '약' 함으로 싸울 때에만 이길 수 있다. 하나님의 말씀인 '구약'과 '신약' 함으로, 즉 하나님의 말씀 안에 거할 때에만 약함은 악함이 되지 않는다는 것이다.

약할 때 강함 되시지만
악할 때는 강함 되시지 않는다.
죄 앞에 장사 없고
은혜 아래 약자 없다.
변질이 아닌 변화가 되기를.

이렇게 살자

**문턱을 낮추기 위해
온 삶을 쏟았다**

'문턱을 낮추기 위해 온 삶을 쏟았다.' 복음서를 묵상하며 예수님의 삶을 생각할 때에 드는 한 문장이다. 이렇게까지 말할 수 있지 않을까? '문턱을 없애기 위해 온 삶을 쏟았다.'

바리새인들의 가르침은 어려웠다. 설명도, 그것을 지키는 것도. 그것은 꽤나 높은 문턱이었다. 하지만 예수님의 가르침은 어렵지 않았다. 비유라는 당시 시대에 듣도 보도 못한 파격적인, 듣는 순간 직관적으로 알아챌 수 있는 가르침이었다. 내가 율법을 지키는 것이 아닌, 율법을 통해 하나님께서 나를 지켜 주심을 알려 주는 낮은 문턱이었다.

바리새인과 사두개인들이 하나님께 도달하기 위해서 세워

놓은 문턱은 거의 바벨탑 수준이었다. 끝없는 노역을 해도 '하늘'에 계신 하나님께 도달할 수 없었다. 물론 본인들을 포함해서. 예수님은 그 바벨탑 같은 문턱을 무너뜨리기를 즐겨하셨다. 스스로를 아브라함의 자손이라 하는 성골들 말고, 아무런 자격 없는 죄인들이야말로 하나님이 가장 찾으시는 존재들이라는 것을 알려 주셨다. '하늘'에 계신 하나님이신 본인이 '땅'에 직접 오셔서.

종교 지도자들은 지성소 휘장보나 훨씬 두꺼운 보이지 않는 휘장을 만들어 놨다. 로마와 적절히 타협하며 획득한 종교적 기득권의 힘이 그것이었다. 그 문턱에 예수님을 못 박았다.

예수님은 그 문턱에 못 박히심으로 그것을 완전히 무너뜨릴 계획을 가지고 계셨다. 다윗과 솔로몬 왕국의 재건이 아닌, 마침내 드러난 하나님의 나라를 각 사람들 마음에 세우시기를 원했다. 보이는 휘장과 보이지 않는 휘장 모두는 그분의 죽으심으로 위에서 아래로 찢어졌다.

그리고 다시 살아나셨다. 이제 모든 문턱은 사라졌다. 오직 예수 그리스도, 그분의 존재 자체가 반석이 되어 하나님께 나아갈 수 있는 길이요 진리요 생명이 되셨다.

문턱을 낮추기 위해 온 삶을 쏟았다. 문턱을 없애기 위해 온 삶을 쏟았다. 바로 여기서 어떻게 살아야 하는가를 묻고 답하고 싶다.

문턱을 낮추기 위해 온 삶을 쏟고 싶다.
문턱을 없애기 위해 온 삶을 쏟고 싶다.

내 삶은 늘
종의 재정을 배우는
시간이었다

**가난하다고 사랑을
모르는 건 아니다**

'종의 재정을 배우는 시간이었다'
라고 말하고 싶다. 코로나가 터진 직후, 가정 경제의 주축이 되는 아내가 출근하지 못하게 되면서 수소문해서 찾은 일이 쿠팡 플렉스였다. 핸드폰으로 배달하고 싶은 물건 수를 신청했다. 처음이니 가볍게 100개 정도 시작해 볼까 하고 도전했다.

  물류 센터에 가 보니 물건은 비닐과 박스, 두 종류로 나뉘어 있었다. 당시 단가로 비닐은 약 900원, 박스는 1,200원 정도였다. 이게 내 차에 다 들어가기나 할까 하는 생각밖에는 들지 않았지만, 소싯적 했던 게임 테트리스 실력을 발휘해서 다 욱여넣으니 간신히 운전할 공간만을 남기고 다 들어갔다는 것이 신기하기 짝이 없었다.

 첫날의 기억이 아직도 선명하다. 배달 일을 하는 것은 처음이라 주소 보는 법도, 물건을 전달하고 사진을 찍어 전송하는 법도, 절묘하게 잠시 주차를 해놓고 바로 치고 빠지는 법도 몰랐다. 하지만 시간은 그런 내 사정을 가상히 여겨 기다려 주지 않았다. 2시부터 시작해서 반도 다 돌리지 못했지만, 해는 벌써부터 칼퇴 중이었다.

 배가 고팠다. 뭐라도 먹으며 잠시 숨을 돌리고 싶었다. 음식점을 두리번거렸는데, 아무리 봐도 배를 채울 만한 음식들은 모두 5천 원부터 시작이었다. 중2 때부터 수포자였는데 머릿속에서 엄청난 계산이 일어났다. 5천 원이면 적어도 비닐 물건 6개, 박스로는 5개였다. 그거 돌리는 데 한 시간 이상이 걸렸는데, 차마 그 돈으로 무언가를 사 먹는다는 게 도저히 허락이 안 되었다.

 한참을 이 음식점 저 음식점을 맴돌다가 결국 편의점에 들어갔다. 평소에는 전혀 의식도 하지 않았던 수많은 음식들 위로, 이거는 비닐 몇 개, 이거는 박스 몇 개, 그러면 총 몇 분, 이런 식으로 환산되어 표시가 되었다. 무언가를 고르는 게 어려워, 천 원 조금 넘는 삼각 김밥 하나, 오백 원짜리 생수 하나를 집어 들고 차에 앉아서 천천히 먹었다.

도토리 하나만큼의 기력을 가지고 쉬지 않고 일했다. 마지막 물건 하나를 다 배달하고 나니 밤 9시였다. 허리는 끊어질 듯 아팠고, 무릎은 뻑뻑했고, 온몸은 땀 범벅이었고, 차와 옷에는 박스와 비닐 냄새가 배어 있었다. 그렇게 종일 일해서 번 돈이 수수료 떼면 10만 원에 미치지 못한다는 사실이 차가웠다.

미안하리만치 참아낸 배고픔을 집밥으로 달래 주었을 때, 그래도 안 사 먹고 아끼길 잘했다는 생각과 내일은 고구마라도 싸 가야지 하는 지혜가 생겼다. 그 시절 아이는 자신이 꽂혀 있던 어떤 장난감을 사달라고 했는데, 이상하게 그 지점에서는 어떠한 계산기도 돌리지 않고 사 주고야 말았다. 오히려 내가 이렇게 해서 사 줄 수 있다는 사실이 고마웠다. 자기 전에 사고 싶은 책이 담긴 장바구니를 들어갔다 나왔다 하다가, '집에 아직 안 읽은 책 많잖아' 하면서 결국 지워 버렸다.

20대 때 가장 친했던 형이 있었는데, 경찰 공무원 시험을 오래 준비하다가 형편이 어려워서 동대문 새벽 시장에 가서 밤을 새우며 일을 했다. 그때 형은 밤을 새우고도 그 당시 함께했던 공동체 모임에 와서 시뻘게진 눈으로 자리를 지키곤 했다. 형은 나눔 시간에 말했다. "얘들아, 돈 100만 원 벌기가 진짜 너무 힘들다." 그땐 그 말의 무게를 전혀 몰랐는데, 이제는 너무나 쑤시고 들어와서 견딜 수가 없었다. 며칠 후 배달을 하고 돌아오는 길에 형에게 전화를 걸어서 그때 형의 말의 무게를 몰랐다고 정말 미안하다고 말했는데 눈치 없게 눈물이 튀어나왔다.

돈의 무게를 모른 채 돈에 대해서 말하고 돈을 사용하던 때가 있었다. 결혼 후에 일하며 보냈던 모든 시간은 나에게 돈의 무게가 얼마나 무거운지, 돈이 얼마나 깡패 같은지, 돈 때문에 사람이 얼마나 치졸해지고 초라해지고 무기력해지는지, 그 돈 한 장에 얼마나 많은 사연들이 담겨 있는지, 부하다고 사랑을 아는 것도 아니고, 가난하다고 사랑을 모르는 것도 아니라는 것을 알려 주었다.

그것이 가만히 앉아서 기도했을 때 채워지는 것보다 나에게는 더 큰 기적이었다. 왕의 재정으로 내 삶이 채워지기를 원하지 않는다. 내 삶은 오직 종의 재정으로 채워지기를 바란다. 돈의 무게를 아나 좌절하지 않는 믿음, 돈 때문에 힘겨워하는 사람들에게 착륙할 수 있는 소망, 콩 한 쪽이라도 과감하게 나눌 수 있는 사랑, 이것이야말로 돈보다 귀한 종으로 부름 받은 나의 재정이다.

내 삶은 늘 종의 재정을 배우는 시간이었다. 그 시간들, 왕의 재정과 바꾸지 않으련다.

Chapter 3

죽음과 현실

죽은 다음엔
어떻게 되는 것일까

**두 번의 죽음,
다른 온도**

초등학교 6학년 때 아버지가 돌아가셨다. 그 후로 죽음은 내 삶에서 가장 강력한 동사가 되었다. 무슨 수를 써도 극복해 낼 수 없는 단절은 하늘에서부터 땅까지 이어진 통곡의 벽이었다.

'죽음이란 무엇일까? 죽은 다음에는 어떻게 되는 것인가?'라는 거대한 질문이 집요하게 따라왔다. 언제부터인가 잠이 드는 순간이 두려웠다. 죽음이란 이렇게 깊이 잠들었을 때의 무의식의 상태로 계속 이어지는 것이 아닌가. 그렇다면 '나'라는 존재를 인식하고 있는 정신은 어떻게 되는 것일까. 완전한 소멸인가, 생전에 지내왔던 업을 따라서 다른 존재로 생사를 거듭하게 되는 것인가.

문제를 풀지 못한 벌로 불면의 밤을 선물 받았다. 중학생의 정신이 감당하기엔 가혹해서 주로 게임을 하며, 라디오와 음악을 들으며, 만화책을 보며 도망쳤다. 하지만 희안 새벽을 맞이하면 어김없이 다시 그 문제 앞에 서게 되었고 한 글자도 무어라 말할 수 없었다.

유치원 때부터 다녔던 교회, 그곳에서 배워왔던 지식들은 내 안에서 차가워질 때로 차가워져서, 이 뜨거운 질문 앞에서는 무용지물이었다. 신, 하나님, 예수 그리스도, 십자가, 이 모든 것들은 관념이었을 뿐 실제가 아니었다. 물 흐르듯 자연스레 교회를 떠나게 되었다.

여전히 그 질문에 대한 답을 찾지는 못했지만 적당히 끌어 안고 사는 법을 배웠다 싶을 무렵, 다시 교회로 돌아오게 되었다. 그리고 그 계절의 끝에서 관념뿐이었던 하나님의 실제와 충돌해 버리고 말았다. 영혼과 정신의 뿌리가 통째로 뽑혀서 예수 그리스도라는 존재에게 심기는 것 같은 충격적 만남이었다. 몸의 DNA가 완전히 뒤바뀐 것 같았다.

정말 많은 것들이 변했지만, 가장 큰 변화는 이제 자려고 눈을 감으면 어둠이 아닌 빛이 보인다는 것이었다. 그건 물리적

빛이 아닌 영혼의 빛이었다. 잘은 모르겠지만 내가 지금 죽는다고 해도 나를 감싸 안고 있는 그분의 품이 느껴졌기에 괜찮을 것 같다는 생각이 들었다.

그건 그저 느낌적인 느낌이 아닌, 실재하는 힘이었다. 밤을 삼킨 별처럼, 죽음을 삼킨 영생이라는 빛이었다. 죽음, 그 끝 모를 것 같던 질문의 답을 찾고 나니, 거기서 '삶이란 무엇인가'라는 새로운 질문이 시작되었고, 그것에 대한 답을 매일의 삶으로 보여 주는 것이 곧 '신앙'이었다.

그 후, 약 10년 뒤에 할머니가 돌아가시는 또 한 번의 죽음과 맞닥뜨리게 된다. 아버지의 임종은 보지 못했으나, 할머니의 임종은 바로 눈앞에서, 유일하게 나만 봤다. 딸꾹질을 하듯 숨을 크게 쉬신 후 돌아가셨는데 그 순간 몸이 땅으로 푹 하고 내려앉는 신비한 모습이었다.

아버지의 죽음에서 느꼈던 육체적인 단절로 인한 아픔과 그 벽은 여전했지만, 더 큰 존재를 볼 수 있었다. 죽음은 더 이상 끝이 아니었다. 영원을 향한 시작일 뿐이었다. 할머니의 장례식을 치르며 성경책을 앞에 갖다 놓고 요한복음 11장을 폈다. 그리고 그곳에 빨간 펜으로 두 줄을 밑줄 쳐 놨다.

예수께서 이르시되 나는 부활이요 생명이니 나를 믿는 자는 죽
어도 살겠고 무릇 살아서 나를 믿는 자는 영원히 죽지 아니하리
니 이것을 네가 믿느냐 _요 11:25-26

내 속에 죽음보다 더 강한 동사가 있다. 그 동사의 이름을 '사랑'이라 부르고, '예수 그리스도'라고 쓴다. 이것을 믿는다.

자살하면
지옥 간다고
말하지 마라

**자살 앞에서 드려야 하는
삶의 예배에 관하여**

자살 관련 뉴스나 기사에 대한 반응을 보면, 어떤 특수한 악인을 제외하고는 다 비슷한 온도를 가진다. '삼가 고인의 명복을 빕니다', '얼마나 아팠을까, 좋은 곳에서 푹 쉬세요', '너무나 슬프고 가슴이 아픕니다' 이런 식으로 말이다. 근데 교회를 다니는 사람 중에서는 아주 기괴한 반응이 먼저 나올 때가 있다. '어휴, 자살하면 지옥 가는데….'

이건 기괴하다 못해, 잔인하다고 말하는 것이 전혀 아깝지 않은 반응이다. 어떻게 한 생명의 죽음 앞에서 공감보, 지옥에 관한 이야기가 먼저 나올 수 있을까. 아니, 공감이 먼저 나오고, 그 후에 지옥 이야기가 나온다 해도 거기서 거기다. 이런 잔인함은 어떻게 형성되어 튀어나오게 된 것일까.

 모든 생명을 가진 존재의 본능은 '생존'이지 '죽음'이 아니다. 그렇기에 자신의 '생명'에 위협이 되는 일이 생기면 그것에 대해 저항한다. 체했을 때에 손을 따본 사람들은 알 것이다. 남이 내 손을 바늘로 찌를 때에는 아파도 그냥 그런가 보다 하고 참을 수 있지만, 똑같은 강도로 내 손을 바늘로 찌르기는 쉽지 않다. 내 안의 생존 본능이 무의식적으로 몸을 보호하기 때문이다.

 이러한 본능을 가진 존재가 그것을 거슬러 자살을 선택한다는 것은 결코 쉬운 일이 아니다. 손 하나 바늘로 찌르는 것도 힘든데, 스스로 생명을 끊어 버린다는 것은 얼마나 엄청난 결정인가. '자살'은 스스로 생명을 끊는 것이지만, 사실 그 이면에는 '죽고 싶다'라는 절규가 있는 게 아니라, '살고 싶다'라는 절규가 있는 것이다.

 자신의 삶에 진한 애정이 없는 존재는 절대 자살하지 않는다. 이렇게 살든 저렇게 살든 별로 상관 없는 존재는 자살하지 않는다. 자살의 이면에는 '난 살고 싶다. 하지만 이렇게 살고 싶지는 않아'라는 삶과 생에 대한 애절한 절규가 담겨 있다.

자살한 사람에 대해서 지옥의 잣대를 내미는 사람들의 이면에는 '죽음은 철저히 네 잘못이고 네 책임이야'라는 생각이 깊숙한 곳에 자리 잡고 있는 건 아닐까. 그 생각이 잔인함을 만든 것은 아닐까. 모두 같은 해석의 틀을 부여할 수는 없겠지만, 특별히 요즘의 '자살'은 확실히 '사회적 타살'의 속성을 가지고 있다. 즉, 어떤 영역에서 살아있는 자들은 그 자살에 대한 책임을 가지고 있는 것이다.

자살하면 지옥 간다는 말 이전에, 그럼에도 자살을 선택할 수밖에 없는 사람들에 대한 안타까움이 있어야 한다. 끊임없이 소외되고 분리와 고통을 맛보며 이 지옥 같은 삶의 반복에서 벗어나지 못하고 있는 사람들에 대한 긍휼이 있어야 한다. 이러한 마음을 가져 본 적 없는 사람이 만약 '자살하면 지옥 간다'고 말을 한다면, 그 사람이야말로 지옥에 어울리는 사람이다.

예수께서는 세리 마태의 집에서 식사하시며, 너희 선생은 세리와 죄인들과 함께 잡수시느냐는 바리새인들에 비난에, "너희는 가서 내가 긍휼을 원하고 제사를 원하지 아니하노라 하신 뜻이 무엇인지 배우라 나는 의인을 부르러 온 것이 아니요 죄인을 부르러 왔노라"(마 9:12-13)라고 답하셨다.

즉, '너희가 그렇게 지키려고 하는 율법이 말해 주는 정답 말고, 그 심층에 어떤 정신이 깃들어 있는지를 배워야 한다. 내가 원하는 예배는 번제 같은 제물로 드리는 것이 아닌, 너희 삶이 이웃에 대한 자비와 사랑으로 나타나는 것이다. 나는 스스로를 어떻게 할 수 있는 건강한 사람들을 위해서 온 것이 아닌, 스스로를 어찌할 줄 모르는 병든 사람들을 위해서 왔다'고 말씀하신 것이다.

자살이 어느 정도의 사회적 타살이라는 것에 대한 공감능력을 가지는 것. 정말 살고 싶은데, 이렇게 살고 싶지 않은데 어떻게 할 도리가 없기에, 그 한 줄기 희망의 빛을 줄 수 있는 누군가가 없기에 소멸을 택해 버리는 한 생명에 대해 찢어지듯 아파하는 마음을 가지는 것. 어떻게든 내가 누군가에게 그 빛이 되었으면, 희망이 되었으면, 조그마한 온기와 사랑을 전해서 살렸으면 하는 마음을 가지는 것이야말로, 오늘 우리가 마주하는 수많은 자살 앞에서 드려야 하는 삶의 예배다.

자살하면 지옥 간다고 말하지 마라.
사는 게 지옥인 사람들에게
내가 맛보고 누리고 있다 말하는
천국 한 방울로도 다가가 본 적도 없으면서.

인플루언서,
셀럽들은
정말 행복할까?

**내면세계가 든든한 사람이
되길 바라며**

어느 세대나 외면세계를 든든하게 채우는 데 혈안이 된 흐름은 존재했으나, 요즘 그것은 확실히 가속화되어 가고 있는 것 같다. 그 이면에는 외면세계의 든든함을 소유하는 것이야말로 곧 새로운 신분상승으로 이어지게 하는 신대륙이라고 믿는 시대정신이 있기 때문이다.

그 신대륙에 도착한 사람들은 기사와 같은 작위를 받는데 '인플루언서', '셀럽'이라 하는 이름이다. 그런 위치에 놓여 있는 사람들은 일반인이지만 연예인적인 삶을 살고 있는 경우가 대부분이다. 그리고 그 지점에서 대단한 만족을 얻으며 산다.

연예인들이야 애초부터 다른 직업군이고, 보이는 세계 속에서 가장 화려한 조명을 감싸 안고 사는 사람들이기에 우리와는 다른 종이겠거니 하며 받아들이게 된다. 이런 맥락에서 인플루언서, 셀럽들은 같은 종인데 연예인처럼 특별한 대우를 받고 사니 거기서 오는 우월감, 그로 인한 만족은 무척 대단할 것이라고 생각되는 것이다. (그래서 그들을 비꼬아 연예인 놀이를 한다고 말하기도 한다.)

이런 시대의 맥락 가운데 '내면세계를 단단하게 채우려면 어떻게 해야 할까'라는 질문은 꽤나 올드하게 여겨진다. 어쩌면 내면세계라는 말 자체가 화석처럼 되어가는 것은 아닌가 싶다.

하지만 이런 시대일수록 그 화석에서 반드시 무언가를 배워야 한다고 더더욱 말해야만 하겠다. 외면세계의 든든함은 내면세계의 단단함을 책임져 줄 수 없지만, 내면세계의 단단함은 외면세계의 든든함을 책임져 주기 때문이다. 그리고 그 내면세계의 든든함을 소유한 존재만이 단단한 자존감을 가지고 아름다움에 도달할 수 있다고 믿기 때문이다.

내면세계가 단단한 사람이 되고 싶다. 그러려면 단단함 이전에 든든함이 있어야 한다. 단단함은 독자적으로 형성되는 것이 아닌 든든함에서 우러나오는 것이기 때문이다.

   든든함을 얻는 방법은 그리 어렵지 않다. 우리 몸은 적절한 음식을 먹고 소화시키면 에너지를 발휘하도록 프로그래밍이 되어 있다. 내면세계 역시 그러하다. 다만, 과연 이 시대 가운데 던져진 우리는 얼마나 그 내면세계에 적절한 음식을 공급해 주면서 사느냐를 물어볼 필요가 있다.

   콘텐츠의 대서양이자 보고 들을 것 풍년인 유튜브가 삶의 중심에 위치해 있는 사람들이 많다. 그 속에서 하루 종일 헤엄쳐서 온몸은 불어 터질 것같이 되나, 마음을 시원하게 해줄 생수는 얻지 못한다. 보면 볼수록 든든해지는 것이 아닌 배고프고 목마르게 만든다. 즉 내면세계에 도달하게 하는 양식이 아니라는 것이다.

   사람은 무엇으로 든든해지는가. 겉은 잔잔하나 속은 에너지가 넘치는 상태가 될 수 있다면 그 자체로 외부의 어떤 인풋이 없어도 충만하다. 하루 한 페이지의 활자들을 읽을 수만 있어도 그 자간과 행간이 주는 생명력은 어떤 미디어에서도 찾을 수 없을 정도로 강하다. 핸드폰의 족쇄를 풀고 사람과 마주앉아서 눈을 마주치며 하는 아무 이야기는, 어떤 주제를 가진 콘텐츠보다 강력한 화력을 가진다.

  외면세계에 몰입하는 사람들이 위태로워 보이는 이유는 오롯이 그 중심이 사람들이기 때문인 듯하다. 어떻게 해야 관심 받을지, 어떻게 해야 떠나지 않을지 전전긍긍하고, 순간순간 '좋아요' 숫자를 확인하며 천국과 지옥을 오가고, 자신의 말이나 행동에 사람들이 어떤 평가를 내릴지 노심초사하는 모습들….이런 삶은 초라하고 파리하다.

  내 삶을 수천 명의 사람들에게 '좋아요'와 '하트'를 받을 만하게 전시할 수 없다 해도, 내 삶을 진실하게 나눌 수 있는 단 한 사람과 산책을 할 수 있는 것이 수천 개의 '좋아요'보다 더 든든하다.

  인플루언서, 셀럽, 몇만 유튜버가 아니어도 내면세계의 든든함을 가진 사람에게서는 뿌리 깊은 나무와 같은 힘이 느껴진다. 우월감으로 가득 찬 자존감이 아닌 진짜 스스로를 사랑하는 자존감을 가지고 다른 사람들을 사랑할 줄 알고, 고요하나 폭발적으로 자신의 길을 알고 걸어가며, 보이는 것보다 보이지 않는 것에 더 강력한 힘을 소유한 사람. 이런 삶은 든든하고 단단하다.

언제까지나 이런 삶을 살아내길 꿈꾸고 싶다.
내면세계가 든든한 사람,
내면세계가 단단한 사람,
내면세계가 초라하지 않은 그런 사람.

내면이 단단하고 풍성해졌으면 좋겠습니다.
그렇게 다른 사람들을 품어 줄 수 있으면 좋겠습니다.

온종일
정리하는
삶을 사는 이유

그날을 기다리며

                        온종일 정리하는 삶을 산다. 새벽에 일어나서 기도를 한다. 참고로 자의가 아닌 타의적이다. 집과 교회가 10초 거리다. 자세한 설명은 생략한다. 기도는 영혼을 하나님 앞에서 정리하는 행위다. 그의 앞에서 나는 누구인지, 그는 누구인지, 나는 오늘 하루를 무엇을 위해 살아야 하는지, 내가 마땅히 사랑해야 할 것은 무엇인지, 그것들을 사랑할 수 있는 힘을 주시길. 이렇게 영혼을 정리한다.

  아내의 아침을 챙겨 출근시키고 아이를 유치원에 보낸 뒤 오전 시간은 헬스장에서 운동을 한다. 진돗개 발령 급이 아닌 모든 연락을 할 수만 있다면 하지도, 받지도 않으려고 한다. 오롯이 집중하려고 한다.

운동은 몸을 정리하는 행위다. 스트레칭을 하면서 교통체증같이 막혀 있는 근육들을 교통정리한다. 쇠질을 하면서 각 부위들의 살아있음을 체크하고, 불편하게 함으로 강하게 만든다. 달리기를 하면서 적절한 열받음을 통해 노폐물을 우주에 환원한다. 이렇게 몸을 정리한다.

돌아와서는 집을 정리한다. 우주와 집안일의 공통점이 있다면 끝이 없다는 것이다. 집 정리는 삶의 중심의 정리다. 운동으로 인한 적절한 열기가 아직 남아 있는, 다소 찝찝한 상태에서 청소기를 돌리고, 설거지를 하고, 이불을 개고, 그릇 정리를 하고, 쓰레기 분리수거를 하고, 흐트러진 물건들을 원래 있던 자리에 각을 잡아서 놓고, 빨래를 개고, 이 정도 하다가 도대체 언제까지 해야 하는 거지 생각이 들 때쯤 대충 끊어야 한다. 앞서 말했듯이 잘 하려고 맘먹으면 끝이 없다.

집은 내가 가장 많은 시간을 보내는 곳이다. 그래서 이곳을 정리하는 것은 삶의 중심을 정리하는 것이다. 집 정리만 잘해도 부부싸움의 97.5%가 예방되니, 이 역시 삶의 중심이다.

식사를 하고 주로 책을 읽는다. 모든 것이 각자 있어야 할 자리에 있는 평화를 얻은 상태에서 읽는 책이란 끔찍하게 달콤하다. 이것으로 정신을 정리한다. 영상과 활자는 분명 밖에서 안으로 들어오기에 둘 다 인풋의 속성을 가지고 있으나, 영양가에는 확실한 차이가 있다. 활자는 10분만 봐도 정신의 정식 같은 포만감을 주나, 영상은 한 시간을 봐도 금방 배가 꺼진다. 한 글자, 한 문장, 한 문단, 한 페이지, 한 책을 천천히 읽어 내려가면 숙연해지며 정신은 차분하게 정리가 된다.

글쓰기는 존재를 정리하는 행위다. 쓰는 것을 통해 이게 '나'라는 것을 발견하고, 뱉고 나누는 것을 통해 이게 '나'라고 외친다. 같은 마음인 사람들과는 '공감'을 나누고, 다른 마음인 사람들과는 '차이'를 나눈다. 그로 말미암아 '나'라는 존재가 가장 뚜렷해지고, 선명해지고, 차분해지고, 꽉 차게 정리된다.

내가 쓴 글에 달린 댓글에 대댓글을 다는 것은 관계를 정리하는 행위다. 댓글을 환대라고 생각하는 편이다. 늦더라도 꼭 달려고 한다. 내 글을 읽고 반응해 준다는 것은 언제까지나 고마운 일이다. 그래야 하는 이유가 사실 어디에도 없는데, 그렇게 하는 것을 '사랑'이라고 생각한다. 한 명 한 명에게 소중히 반응할 때 관계는 질서 있게 잘 정리된다.

아내와 아이와 함께 시간을 보내는 것으로 가정이 정리된다.

가정은 탄생하는 것이 아닌 끊임없이 만들어져 간다. 빈번한 포옹, 입맞춤, 식사, 대화, 같이 드라마 보기, 서로 마사지해 주기, 누워서 장난치기 등. 사랑에 모양이 있다면 분명 시간이고, 그것으로 가정은 잘 정돈되어 흘러간다.

하루를 마무리하며 잠시 책상에 앉아서 눈을 감고 고맙다고 수고했다고 스스로에게 인사한다. 순서대로 토너와 수분크림을 바르며 피부결을 정리하고, 드라마를 보다가, 웹툰을 보다가 그렇게 하루를 정리한다.

온종일 정리하며 산다. 매일매일 정리하며 살다 보면, 내 삶도 잘 정리되어 마무리되겠지 하며.

힘 들어가면
힘을 주는 것들

운동, 글쓰기, 결혼, 신앙

　　　　　　　　　　　처음엔 힘이 들어가지만, 나중엔 들어간 힘과는 비교도 안 되게 큰 힘을 주는 일들이 분명히 있다. 나에겐 운동, 글쓰기, 결혼, 신앙이 그러했다.

　꾸준히 해왔지만 띄엄띄엄했던 운동을, 올해 초부터는 무척 열심히 해냈다. 거의 매일 한 시간 반씩 쇠질하고, 삼십 분씩 뛰었다. 그렇게 운동을 하고 나면 온몸이 부서지고 박살 나는 것처럼 힘들었다. 그렇게 두세 달이 지났다. 처음 힘이 들어갔던 것과는 비교도 할 수 없는 체력을 얻게 되었다. 체감적으로 지금 내 체력이나 건강은 20대 때보다 좋은 것 같다.

　글을 쓰는 것은 매번 힘든 일이다. 하루도 쉽게 써지는 날이 없었고, 앞으로도 없을 것 같다고 믿는 것이 마음 편하다. 존재의 밑바닥까지 내려가서 쓰지 않아도, 존재의 꼭대기에서 깔짝대면서 쓰는 것도 제법 힘이 든다. 그렇게 이를 악물고 한 편을 써내고, 그 글을 누군가가 소중히 읽어 주고 반응해 주면, 쓸 때 들어갔던 힘과는 비교도 안 될 만큼의 힘을 얻는다. 아마 그 힘으로 말미암아 또 쓰게 되는 것 같다.

결혼 생활은 생각보다 힘이 많이 들어가는 일이었다. 우리는 성격이나 성향이 정반대였기에 물과 기름처럼 섞이지 못한 채 둥둥 떠다녔고, 많이 싸웠고, 정말 많은 힘이 들어갔다. 그 속에서 배운 것도 결국에는 사랑이어서 마침내 섞이게 되었을 때는 나도, 아내도 단단한 힘을 얻게 되었다. 외부에서 누가 뭐라 해도, 나를, 너를, 우리를 지키며 흔들리지 않을 만큼의 그런 힘을 말이다.

신앙은 처음에는 엄청난 힘을 선불로 주었고, 그 이후에는 만만치 않은 이자를 요구했다. 동물이나 식물, 자연에 속한 어떤 것보다, 하나님 앞에서 인간이라는 존재로 존재하는 것이 이토록 무거운 것인 줄 그전에는 전혀 몰랐다. 생각이라는 것을 할 수 있는 이성을 소유했다는 책임, 무언가를 느끼고 알 수 있는 감정을 발현하는 마음이라는 것을 소유했다는 책임, 그리고 이 두 가지를 멋대로 할 수 있다는 자유의지에 따르는 책임, 그것은 축복이자 저주와 같았다.

 신앙을 가진 후 인간이 무엇인지 알게 되고, 인간답게 사는 길이 무엇인지 알게 되었는데, 그렇게 살아내야 하는 것이 버겁도록 힘들었던 시절이 있었다. 그 방황은 하나님이시지만 인간의 몸을 입고 오신 예수 그리스도와의 만남을 통해서 감격으로 변했다. 그 은총이야말로 지금 나를 구성하고 있는 모든 힘 중에서 가장 근본적이며, 강한 힘이다.

 처음엔 힘이 들어가지만, 나중엔 들어간 힘과는 비교도 안 되게 큰 힘을 주는 일들이 분명히 있다. 그 힘들을 지키며 살고 싶다. 또 다른 그 힘들을 발견하며 살고 싶다.

주일이 아닌
일요일 속에서 배운 것 1

**이때를 위한
그때 아니었는가**

        사역 6년 차에 접어들었을 때 일과 사역 중에서 사역을 내려놓았다. 사역이야 어차피 계속할 것이니 평범한 성도로 일을 하는 일상을 살아 보고 싶었다. 사역을 내려놓으니 출석 교회가 없어졌다. 묘한 기분이었다. 처음에는 이 교회 저 교회를 탐방했다. 의미가 있었다.

 시간이 흐르자 아이를 보낼 수 있는 매우 큰 교회에 다녔다. 아이와 함께 유아예배를 드리고 돌아왔다. 나를 위한 예배, 나를 위한 모임들은 더 이상 없었다. 아내가 아이를 데리고 가는 날에는 주일인데 교회를 가지 않았던 적도 있었다. 가히 15년 만에 그 시간에 집에 있었던 것이다. 시간과 공간이 멈추어 버린 것 같았다. 늘 특별했던 주일이, 평범한 일요일이 되어 버리고야 만 것이다.

그렇게 교회를 가지 않는 평범한 일요일들 속에서야 비로소 나에게 주일은 무엇인지, 교회는 무엇인지, 예배는 무엇인지, 하나님은 어디에 계시는지에 대한 좀 더 솔직하고 투명한 질문들을 던질 수 있었다. 안에만 있었을 때는 깊숙이 파고들지 못했던 것들이 밖에 나오니 가능했다.

하나하나 그 질문들에 대한 답들을 찾아가는 과정이 평범한 주일보다 특별한 일요일을 가능하게 만들어 주었다. 완벽하진 않으나 어느 정도의 답들이 정리될 끝자락에서는 문득 '교회'가 너무 그리워서 참을 수 없는 눈물이 터져 나왔다.

과연 그런 교회가 이 땅에 존재하고 있는지, 이 땅에 존재하게 만들 수 있는지에 대해서 생각하며 더더욱 울었다. 그 눈물 속에서 나는 이전보다 더 교회가 되었고 그쯤에 적절하게 다시금 교회로 돌아갈 수 있는 길이 열리게 되었다.

코로나19로 인하여 많은 교회들이 주일에 모여서 예배를 드릴 수 없는 위기를 맞았다. 그러나 이 시간을 개인의 신앙적 경험으로 어떻게 삼느냐에 따라서 위기일 수도 있고 우리의 굳어진 지평이 넓어지는 시간이 될 수도 있다.

솔직히 말해서 신실한 신앙을 가지고 있는 사람들이 이런 특별한 경우가 아닌 이상에야 주일에 예배를 빠질 이유가 없지 않은가? 이렇게 어쩔 수 없이 주일 예배를 드리지 못하는 시간을 통해서 믿지 않는 사람들의 일요일을 경험할 수 있지 않은가? 모여서 예배드리지 못하는 그 부재를 통해서 존재를 더 많이 느낄 수 있고, 본질에 대해서 생각할 수 있지 않을까? 그토록 외쳐왔던 '교회만 다니지 말고 교회가 되라'는 말을 주일이 아닌 일요일 속에서 실천할 수 있는 것은 아닐까?

바벨론의 침략으로 하나님의 성전은 완전히 파괴되었지만, 그것은 이스라엘이 하나님을 향한 신앙을 회복할 수 있는 기회였다. 바벨론 포로의 위기 가운데 에스겔을 통하여 선포된 하나님의 말씀은 보이는 건물인 성전에 매이지 않고 여호와의 영으로 말미암아 사람 속에 세워질 보이지 않는 성전, 그 성전으로 말미암아 온 세상을 성전으로 회복시킬 더 넓어진 신학적 지평의 업그레이드를 이루어냈다.

주일에 교회 건물 안에 있어도, 우리의 마음이 일요일이고 교회가 아닌 것보다, 일요일에 교회 건물 밖에 있어도, 우리의 마음이 주일이고 교회일 수만 있다면, '이때'야말로 평범한 주일보다 특별한 일요일을 보낼 수 있는 '그때'가 아닐까.

   그때의 믿음은 이때를 위함이 아니었는가.

주일이 아닌
일요일 속에서 배운 것 2

**떠남은 떠나기 위함이
아니었다**

교회 사역을 내려놓고 이제부터 사역자 그리스도인이 아닌 하나님 앞에서 한 명의 신자이자 성도로 살아보겠다는 슬로건은 화려했지만 삶은 초라했다.

매주 설교를 해야 한다는 부담이 없었다. 하나님 앞에서 양식을 얻고, 하나님을 알아가고, 하나님과 교제하고 싶음으로 말씀 앞에 서게 만드는 화력은 너무나 약했다. 관계의 폭은 바람 빠진 풍선처럼 쪼그라들어서 더 이상 누구도 품지 않아도 되었다. 동시에 그 쪼그라든 공간만큼 기도의 간절함도 쪼그라들었다. 자신만을 위해 올리는 기도는 그리 오랜 시간도, 지극 정성도 필요하지 않았다.

물 흐르듯이, 바람이 불듯이, 계절이 바뀌듯이 자연스럽게 하나님과 멀어졌다. 특별한 죄를 지은 것도, 어떤 계기가 있던 것도 아니었다. 매일 바쁘게 살았다. 주어진 자리에서 나름의 전력을 기울이며. 누가 봐도 욕을 할 수 없을 만큼 그렇게.

얼마의 시간이 흘렀을까. 태권도장에서 일을 마치고 집에 돌아오는 길, 문득 차 안에서 마주친 수백 개의 주황색 가로등을 바라보면서 '저 가로등은 어둔 밤을 밝히기 위해서 저렇게 존재하는데, 나는 여기 왜 존재하는 것일까, 인간이란 무엇일까'라는 의문이 솟구쳐 올랐다. 누르려고 누르려고 해도 소용없었다. 나는 그 질문에 답을 해줘야만 했다.

이전 같았으면 하나님으로부터 시작한 명쾌하고 간결한 답을 주었을 터인데, 하나님이라는 살아있는 동사가 죽은 명사가 되어 버린 나는 차마 그로부터 시작된 답을 할 수 없었다. 그분을 빼고 답을 하려니 이 삶, 이 인생이라는 게 너무나 허무하고 부질없고 지독하게도 절망적이어서 속상했다.

운전대를 주먹으로 쾅쾅 치면서 절규했다. '하나님, 당신은 어디에 계십니까, 안개 자욱한 것 같은 우리 인생길에 왜 선명한 내비게이션처럼 임하지 않으십니까, 당신이 우리를 기어코

찾아오시고 찾아내시고 만나 주시더니 왜 우리로 하여금 당신을 더듬어 찾게 하십니까, 어디에 계십니까.'

고백적으로는 적극적 유신론적인 신앙을 가지고 있지만, 삶에서는 실천적 무신론자가 되어 버려서 더 이상 하나님께서 내 삶에 개입하시지 않는다고 단단하게 믿게 되어 버린 존재 가장 밑바닥에서 터져 나온 고백이었다. 희한하게도 그 울부짖음과 뒤엉켜 흐르는 눈물 속에 하나님이 계셨다. 청음으로는 어떤 소리도 듣지 못했지만, 관음으로는 분명히 그분의 세미한 음성을 들을 수 있었다.

"나는 네가 서 있는 그곳 현실, 바로 지금 여기에 있다. 언제나…"

그토록 가까이 있노라 했던 교회 생활 속에서는 만날 수 없었던 하나님이었다. 하나님을 떠나고 나니 비로소 만날 수 있었던 하나님이었다. 그 자리에서 찬송을 불렀다. 살아계신 하나님을 경배하고 그분께 홀로 예배를 드렸다. 어떤 형식도, 어떤 순서도 없었지만, 그동안 드렸던 그 어떤 예배들보다 깊고 부유했다.

두 번째 회심이라고 해도 좋을 만큼 특별한 경험이었다. 하나님께 멀어져 봐야 하나님께 가까워짐이 무엇인지를 알게 된다. 하나님을 떠나 봐야 하나님이 누구이신지를 알게 된다. 사랑 자체보다 이별이 사랑에 대해서 더 많은 것을 알려 주듯, 예배를 떠나 봐야 예배가 무엇인지, 찬송을 상실해 봐야 찬송이 무엇인지 알게 된다. 말씀이 들리지 않아야 말씀이 말씀한다는 것을, 보이는 기도가 사라져야 보이지 않는 기도가 시작된다는 것을, 공동체를 떠나 봐야 함께함이 얼마나 축복인지를 알게 된다.

떠남은 떠남을 위함이 아니요,
돌아오기 위함이다.
오늘도 하나님께 다시 돌아오기 위해
난 하나님 어디쯤으로 떠난다.

Chapter 4

인내와 인격

담배가 피고 싶었던
나날들 속에서
배운 것

**안녕(Bye) 담배,
안녕(Hello) 기도**

　　　　　　　　　　처음 담배를 입에 댄 것은 초등학교 5학년 때였다. 당시 친구 중 부모님이 방앗간을 하던 녀석이 있었다. 부모님이 안 계신 집에서 놀고 있었는데, 형이 가지고 있던 담배를 가지고 와서 한번 피워 보자고 했다.

　한 네 명 정도가 있었던 걸로 기억한다. 호기심 그 이상은 아무것도 없었다. 입에 담배를 멋지게 물고 불을 붙였다. 연기가 나는 것을 입에 머금고 뱉고를 반복했다. 아무런 느낌이 없고 시시했다.

　친구는 그렇게 하는 게 아니라 목구멍으로 연기를 삼키듯

넘기고 다시 끌어올려 뱉는 것이라고 했다. 따라 하는 순간에 온 장기가 화재경보가 울리는 듯 난리를 치며 기침이 멈추지 않았고 머리가 아프고 토할 것 같았다. '이딴 걸 왜 피는 기지'라고 생각하고 '안녕, 담배' 하였다.

꽤나 많은 시간이 흘러 군대라는 곳을 가게 되었다. 그곳에서 마주한 담배는 무척 피고 싶었다. 이유가 있었다.

당시 계급이 낮았을 때는 내무반에서 갈굼이라는 것을 받는 것이 일상이었는데, 같이 갈굼을 받은 얼마 차이 안 나는 선임들이나 후임들은 모두 담배를 피우러 나갔다. 함께 한숨 내뱉듯 담배를 피우며 스트레스를 날려 보내는 모습이 인상적이어서 나도 피고 싶었다. 그리고 또 하나, 다들 담배를 피우러 가면 나 혼자 내무반에 있게 되었는데, 그럼 선임들은 너는 왜 담배를 안 피우냐고, 할 줄 아는 게 뭐냐고, 별 이유 같지도 않은 이유를 가지고 또 갈궜다. 그게 너무 싫어서, 혼자 있기 싫어서, 담배를 피우고 싶었다.

얼마나 시간이 흘렀을까. 같이 근무를 서는 선임에게 물었다. 담배를 피우면 좀 답답한 마음이 시원해지냐고. 그 선임은 말했다. 아니 더 답답하다고. 그러면 왜 피냐고 물었다. 그냥 피는 거라고 했다.

끝도 없는 논리 없는 갈굼, 저녁이 되면 찾아오는 마음을 다 태워 버릴 듯한 화력을 가진 외로움, 쩌적 쩌적 갈라질 것 같은 마음의 곤고함, 언제 폭발할지 모르는 시한폭탄 같은 인내심, 이 모든 것들이 반복 또 반복되면서 담배를 피우고 싶은 마음을 떨치기 점점 어려워졌다.

문득 내게는 담배보다 더 나은 것이 있음을 깨달았다. 화장실로 달려가서 문을 걸어 잠그고 변기 커버를 닫고 앉아서, 마음을 걸레 짜듯 쥐어짜고 또 짜내서 한 마디를 침묵으로 외쳤다.

하나님. 그 순간 무척 익숙한 신비스러운 따뜻함이 온 존재를 감싸 안았다. 눈물이 왈칵 쏟아졌다. 그건 군대 밖에서, 교회 안에서 만났던 그 하나님의 임재와 분명 같은 속성의 것이었다. 바로 그때 하나님은 교회 안에만 계신 것이 아니라, 전혀 낯선 땅인 이곳 군대, 악취 나는 화장실 첫 번째 칸 안에도 동일하게 계신다는 것을 깨닫게 되었다.

매일 그 화장실에서 하나님을 만났다. 야곱이 벧엘에서 처음 하나님을 만났을 때 고백한 것 같은 '여호와께서 과연 여기 계시거늘 내가 알지 못하였도다'가 반복되었다. 무소부재는 책으로 배우지 않아도 충분했다.

 기도는 말을 쏟아 놓는 것이 아닌, 마음을 쏟아 놓는 것이라는 걸, 화장실에서 침묵으로 기도하며 배우게 되었다. 5분에서 10분, 가끔 길어지면 20분 정도 화장실에서 드리는 기도를 통해서 나는 제3의 동력을 공급받을 수 있었다.

 그 이후로 제대할 때까지 담배가 피고 싶었던 적은 없었다. 제대 후에도 가끔 그날들을 회상하며 분주한 가운데서도 화장실에서 기도하곤 했고, 지금도 교회 의자보다 변기에 앉아서 하는 기도가 더 잘될 때가 있다.

 담배가 아닌 기도를 배울 수 있어서 다행이다.

 안녕(Bye), 담배
 안녕(Hello), 기도

밑 빠진 독에
계속 물을
부을 수 있는 이유

**금이 간 항아리를
쓰시는 방법**

사역을 하는 것이 밑 빠진 독에 물 붓기처럼 느껴질 때가 있다. 아무리 물을 붓고 또 붓고 또 부어도 도저히 찰 기미가 보이지 않는다. 이걸 해도 안 되고, 저걸 해도 안 된다. 좀 더 정확히 말하자면, 안 된다기보다는 똑같다는 표현이 더 맞을 것이다. 이걸 해도 똑같고, 저걸 해도 똑같다.

밑 빠진 독에 무엇을 부어도 결국엔 다 빠져나가 버리는 것처럼, 무엇을 해도 하기 전과 똑같다. 이게 반복되면 무척 무기력하게 된다. 뭘 하든 안 하든 힘든 건 똑같으니 힘겹게 하느니 힘겹게 안 하는 게 더 낫겠다는 생각마저 들곤 한다.

최근에 기도할 때 느꼈던 감정은 그저 먹먹함이었다. 새벽에 이런 기도를 드려 봤다.

"하나님 밑 빠진 독인데 계속 물을 부어야 하는 이유가 있을까요?"

하나님은 여전히 말이 없으셨지만, 얼마 전에 세음이에게 읽어준 〈금이 간 항아리〉라는 동화 이야기가 떠올랐다.

동화의 내용은 이러하였다. 옛날에 한 소년이 두 개의 큰 항아리를 가지고 있었다. 하나는 깨끗한 새 항아리였고, 하나는 금이 간 낡은 항아리였다. 소년은 두 항아리를 가지고 매일 냇가에 물을 길으러 갔다. 하지만 집에 도착해서 보면 금이 간 항아리의 물은 반밖에 없었다.

그래도 소년은 2년 동안 매일 이 일을 했다. 어느 날 금이 간 항아리는 너무 미안해서 소년에게 말을 걸었다. 금이 간 자신이 부끄럽다고. 자신의 역할을 제대로 못하고 있어서 힘들게 해서 미안하다고.

그러자 소년이 말했다.

"항아리야, 혹시 집에 오는 길에 핀 꽃들을 본 적 있니? 언덕에서 말이야. 한쪽 길가에만 들꽃이 활짝 피어 있잖아."

항아리가 말했다.
"맞아, 햇살을 받아 꽃들이 반짝였지."

소년이 말했다.
"혹시 그거 아니? 네가 다니던 길가에만 꽃이 피어 있다는 걸. 새 항아리가 다니던 쪽에는 꽃이 한 송이도 없단다."

항아리가 말했다.
"그게 무슨 말이야?"

소년이 말했다.
"난 너에게 금이 있다는 걸 알았어. 그래서 네가 다니는 쪽 길가에 꽃씨를 심었단다. 물을 길어 집으로 돌아오는 길에는 네가 꽃씨에 물을 주었지. 너의 그 틈 사이에서 새어 나온 물로 말이야. 네 덕분에 나는 지난 2년 동안 꽃들로 집을 예쁘게 장식할 수 있었단다. 네가 없었다면 집이 이렇게 아름답지 못했을 거야. 이제 너 자신이 자랑스럽지 않니?"

금이 간 항아리는 처음으로 활짝 웃었고, 자신의 깨어진 금을 자랑스러워하며 날마다 꽃들에게 물을 주었다는 내용으로 끝나는 아름다운 동화다.

지금 내가 세워진 자리에서 하는 사역이 밑 빠진 독에 물 붓기 같아 보여도 계속 물을 부어야 하는 이유가 이런 것 아닐까. 비록 독에 물이 가득 차서 흘러넘치진 않는다 할지라도, 밑 빠진 독에서 흘러나온 물로 말미암아서 꽃밭이 생길 수 있는 것이다.

외적으로 보기에 어떤 화려한 열매나, 성취나, 만족이 없다고 할지라도, 그 밑 빠진 독에서 흘러나온 물을 먹고 피어나 자란 생명력을 가진 꽃들이 있다. 오히려 온실에서 자라난 화초보다 더 강하고 아름답게 말이다.

힘들고 지치고 무기력해도 계속 물을 부어야 한다. 혹시 모른다. 지금은 아무것도 보이지 않고, 척박하고 메말라서 어떤 생명도 살아나지 못하는 것처럼 보인다고 할지라도 계속 물을 붓고 또 붓고 또 붓다가 보면 그 물이 언젠가 흐르고 흘러 조그마한 강물이 될 수도 있기 때문에….

포기하는 그 순간이 시합종료가 아니라 사역종료다.
밑 빠진 독이어도 계속 부어야 한다.
이곳에 생명샘 솟아나 눈물 골짝 지나갈 때에
머잖아 열매 맺히고 웃음소리 넘쳐날 것이니.

아무도 보는 이 없을 때
나는 누굴까?

이미지냐 존재냐

흔히 연예인은 '이미지'로 먹고 산다는 말을 많이 한다. 만들려고 해서 만든 '이미지'가 아닌 '존재' 자체에서 나오는 아우라는 자연스럽게 그 사람의 이미지를 형성시켜 준다. 하지만 그 사람의 존재가 그 정도의 아우라를 가지고 있지 않은데, 그 정도가 있는 것처럼 이미지를 만드는 것은 지킬과 하이드 급의 이중성을 가지게 한다. 그래서 매스미디어를 통해서 비춰지는 이미지는 정말 좋았는데 사생활이 밝혀지면서 충격을 받는 경우도 많다.

신앙을 가진 사람들도 이러한 '존재'와 '이미지' 사이에서 늘 고민해야 한다. 앞서 말한 바와 같이 이미지는 어느 정도는 존재에서 발현되는 것이 맞다. 하지만 신앙의 세계에서는 '외식'이라는 아주 훌륭한 가면이 언제나 손에 쉽게 잡힐 만한 거리에 있다. 그 가면을 쓰는 것에 중독되기 시작할 때부터, 내 진짜 '존재'는 누군지 망각하고 다른 사람들이 나를 보는 '이미지'가 나인 줄 착각하고 살게 된다.

특별히 연예인이나 신앙을 가진 사람들은 '사람'들 앞에 많이 서게 될수록 이러한 '이미지의 속임수'에 빠지게 될 위험이 아주 크다. 대중 앞에 서게 될 때에 나 자신은 그 전까지 누구였고, 무엇을 했고, 어떻게 살아왔는지와는 상관없이 '반짝' 하고 빛나기 때문이다. 그 스포트라이트 속에서 반짝 빛날 때에 사람들은 '그 순간'만 보고 그 사람의 모든 것을 좋게 생각할 수밖에 없다. 특별히 앞에 서서 설교를 하거나, 찬양 인도를 하거나, 간증을 할 때에는 다른 어떠한 스포트라이트보다 강력한 은혜의 스포트라이트를 받게 된다. 그 효과는 대단하여서 그 사람의 모든 것을 필요 이상으로 좋게 생각하게 만들고, 때로는 신격화시키기도 하며, 모든 것을 용서하게 만들기도 한다.

이러한 '존재냐? 이미지냐?'의 싸움은 매일매일, 아니 순간순간 하나님 앞에 서려고 하는 치열한 발버둥, 몸부림, 영버둥, 영부림이 없다면 절대 승리할 수 없는 영역이다. 다른 사람들이 '나'를 어떻게 생각하느냐가 기준이 아닌, 하나님께서 '나'를 어떻게 생각하시느냐를 기준점으로 삼아야 한다.

  내 옆에서 나를 가장 잘 알고 있다고 생각하는 사람들조차 사실 나에 대해서 정말 제대로 알지 못한다. 내가 나를 모르는데 어떻게 남들 나를 알겠느냐? 그러니 이러한 나 자신이 만든, 혹은 다른 사람들이 부여한 '이미지'의 옷을 벗고 하나님 앞에 '존재 자체'로 서는 것이야말로 '경건의 능력'이라고 할 수 있겠다.

  또한 계속해서 스스로를 공동체에 매여 있게 만들고, 그 공동체 속에서 다른 존재들과 이리 치이고 저리 치이며 삶을 살아내는 것 역시 경건의 능력이라고 말하고 싶다. 이런 맥락에서 내가 건강하게 속할 수 있는 교회 공동체가 있다는 것은 참으로 귀한 축복이다. 공동체에 속하지 않고 대중들 앞에 서는 것에만, 혹은 SNS 등을 통해서 그 순간에 반짝이는 자리에 서는 것에만 익숙해진다면, 치명적인 독을 계속해서 먹으면서도 이를 인지하지 못하는 것처럼 위험하다.

  별 인생이 없다. 앞에 서는 자리에만 익숙해지면 대접받는 것을 당연하게 여기게 되고, 인정 중독에 걸리게 되며, 본인의 연약함을 솔직하게 드러내기보다 병적인 자기방어기제를 곤

두세우게 된다. 그야말로 '연예인병'이 걸리게 되는데, 이 병의 정체는 이미지라는 세포가 돌연변이가 되어서 나타나는 현상이라고 볼 수 있다. 앞에 서는 일이 많은 사람일수록, 특히 사역자들은 유명하면 유명할수록 본인들을 격의 없이 대해 주는 공동체가 있는 것이 너무나 축복이다.

하나님 앞에 '이미지'가 아닌 '존재'로 나아가자.
또한 그분 앞에서 '이미지'가 아닌 '존재'로 살자.

기분이
태도가 되지
않으려면

그분이 태도가 되게

최근에 본 책 제목 중에서 잊히지 않는 것이 있으니 「기분이 태도가 되지 않게」이다. 아마 「삶으로 가르치는 것만 남는다」 이후로 마음속에서 계속 유행가처럼 맴돌며 여운을 남긴 제목일 것이다. 제목만 읽었을 뿐인데 마치 책을 읽은 것처럼 마음속에 이야기들이 펼쳐졌다.

신앙을 가진 사람의 인격이나 성품에 있어서 가장 큰 칭찬이 무엇이냐고 묻는다면 '저 사람은 기분이 태도가 되지 않는 사람이야'이지 않을까. 앞서 말한 책의 부제는 '기분 따라 행동하다 손해 보는 당신을 위한 심리 수업'인데 이 책을 다 읽어서 적절한 심리 수업을 수료한다고 할지라도, 과연 기분이 태도가 되지 않는 것이 자력으로 가능할지 의문이다.

다만, 신앙을 가진 사람들은 이 수업을 통해 얻은 지식을 실천할 수 있는 제3의 동력을 가지고 있다고 믿는다. '기분'을 따라가는 것이 아닌 '그분'을 따라가는 것, '기분'을 따라 행동하는 것이 아닌 '그분'을 따라 행동하는 것, 이것이 신앙이라 생각하기 때문이다. 사람은 무엇을 따라가느냐에 따라서 그 태도가 형성된다. 기분이 태도가 아닌 사람, 그분이 태도가 되는 사람, 그 사람이 그리스도인이다.

베드로는 자신의 서신에서 이렇게 말한다.

그의 신기한 능력으로 생명과 경건에 속한 모든 것을 우리에게 주셨으니 이는 자기의 영광과 덕으로써 우리를 부르신 이를 앎으로 말미암음이라 이로써 그 보배롭고 지극히 큰 약속을 우리에게 주사 이 약속으로 말미암아 너희가 정욕 때문에 세상에서 썩어질 것을 피하여 '신성한 성품에 참여하는 자'가 되게 하려 하셨느니라 _벧후 1:3-4

나는 여기서 말하는 구원으로 말미암은 '신성한 성품에 참여하는 자'가 되는 것이야말로 우리 안에 그분이신 그리스도가 계심으로 기분이 태도가 되지 않는, 그분이 태도가 되는 것에 참여하게 됨을 말한다고 생각한다.

이어서 나오는 "그러므로 너희가 더욱 힘써 너희 믿음에 덕을, 덕에 지식을, 지식에 절제를, 절제에 인내를, 인내에 경건을, 경건에 형제 우애를, 형제 우애에 사랑을 더하라"(벧후 1:5-7)는 말씀은 기분이 아닌, 그분이 태도가 된다는 것이 무엇인지에 대해 명확하게 말해 준다. 즉, 그분이 태도가 된다는 것은 내 기분이나 상태를 뛰어넘어 이타적인 이웃 사랑을 실천해 낼 수 있는 실제적인 힘을 가지는 것을 말하는 것이다.

코로나19로 인하여 기분 좋지 않은 나날들이 여전히 반복되고 있다. 그럼에도 이러한 기분이 태도가 되지 않게, 그분이 태도가 되길 바라며 여전히 걷던 길을 걸어가 보련다. 내 안에서는 코로나19 이후의 시대에 대한 여러 논의들이 오가며 '정답'을 찾으려고 한다. 마치 정답이 있어야 계속 이 길을 걸어갈 수 있을 것처럼. 물론 어느 정도의 좌표는 필요하지만 완벽한 내비게이션이 있어야 한다고는 생각하지 않는다.

길은 계속 바뀌고 있고, 누구도 그 길 위에서 정답을 말하진 못할 것이다. 하지만 이 시기에 그리스도인들은 정답으로 정답을 보여 주는 사람들이 아닌, 태도로 정답을 보여 주는 사람은 될 수 있을 것이다. 어떤 태도가 정답인가?「한나의 아이」에서 스탠리 하우어워스는 이런 말을 한다.

신앙은 답을 모른 채 계속 나아가는 법을 배우는 일이다.

그 누구도 이 코로나19 이후의 일들에 대해서 정답을 알지 못하나, 여전히 계속 걸어가고 나아감으로 정답을 보여 줄 수 있다. 2차 팬데믹이 온다고 할지라도, 교회 안의 모든 예배가 통제되는 날이 온다고 할지라도, 하나님을 사랑하고 이웃을 사랑하며 일상을 묵묵히 살아내는 그 태도만은 누구도 빼앗을 수도 침범할 수도 없다.

그렇게 나아가야만 한다. 기분이 태도가 되지 않게, 오직 그분이 태도가 되게, 지금 우리 시대에는 말이 아닌 태도로 신앙을 말해야 하기에.

알 수 없는 일들이 닥쳐와도
변함없이 사랑을 드리겠습니다.

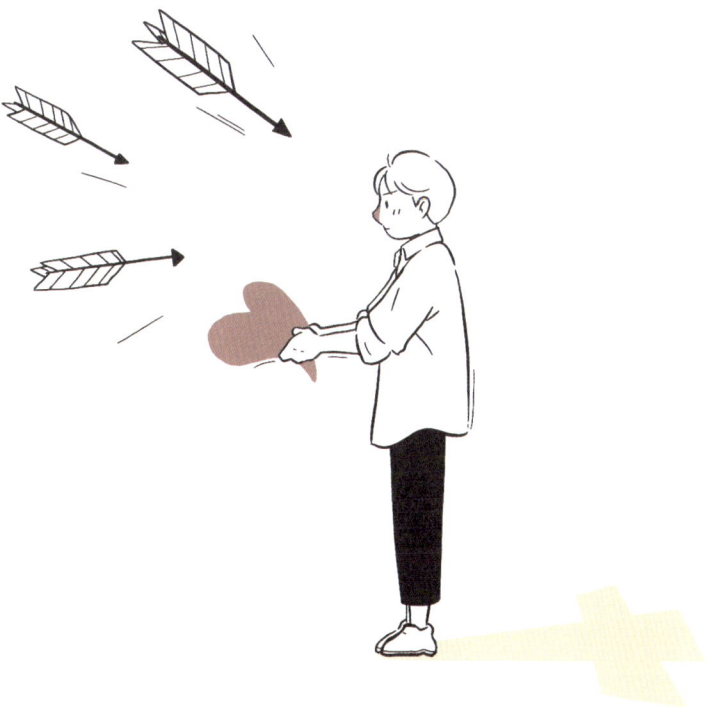

쿨하지 못하면
왜
미안해야 해?

진정한 쿨함이란

　　　　　　　　　　쿨함이 인성의 미덕 중 최고봉인 시대를 살고 있는 듯하다. 관계 속에서 친절, 예의, 배려는 언제나 요구되는 것이나, 쿨함은 그 모든 것에 당연히 배어 있어야 하는 듯 강요받는다. 쿨하지 못하면 미안해야 한다. "넌 왜 그렇게 쿨하지 못해?"라는 말을 들으면 그 순간 인성 문제가 있는 사람이 되어 버린다.

　쿨함이란 무엇인가? 내 주위의 사람들이 나를 어떻게 바라보고 생각하는지에 대해서 전혀 영향받지 않고 자유로운 영혼의 무게를 유지하는 것? 상대가 가볍게 던진 한마디 따위 가볍게 소멸시킬 수 있는 극강의 마음 면역력? 일, 관계, 사랑 등에서 맺고 끊음이 확실해서 절대 넘지 못할 선을 유지하는 것?

나는 이런 쿨함의 느낌적 느낌과는 매우 거리가 먼 사람이다. 살면서 쿨내라곤 한 번도 진동한 적이 없다. 나는 언제나 사소한 것에 목숨을 걸곤 하는 핫한 사람이었다.

어느 계절인지 모르겠지만 이런 쿨한 사람들이 부러웠던 때가 있었다. 그리고 다른 계절이 왔을 때 문득 쿨한 사람이 부러운 게 아니었다는 걸 알게 되었다. 나는 쿨한 사람이 싫었다. 이상했다. 본인들은 지극히 쿨하다고 말하고, 광합성하듯 쿨내를 생산해 내는데, 그 쿨한 사람들 옆에서 나는 끝없이 핫해졌다. 왜 본인들이 내 존재를 심하게 흔들어 놓고선 그것에 핫하게 반응하는 나에게 넌 왜 쿨하지 못하냐고 말하는 것이지?

네가 뒤흔들었잖아. 그들이 미웠다. 본인만 쿨하지, 주변의 모든 사람을 핫하게 만드는 것은 진정한 의미에서 쿨함이 아니었다. 자신의 입장에서는 쿨함이라 썼을지 모르지만 무례함으로 읽혔다. 본인만 쿨하고 주변을 핫하게 만드는 쿨한 사람이 되고 싶지 않았다. 나 자신은 좀 핫해지더라도, 다른 사람을 시원하게 만들어 주는 진정한 쿨한 사람이 되고 싶었다.

진정한 쿨함이란 무엇일까? 쿨함은 타인이 어떻게 생각하거나 반응할지를 고민하지 않고 철저하게 자신이 원하는 대로 행동하는 것이 아니다. 오히려 진정한 쿨함은 내가 이 행동이나 말을 했을 때 타인이 어떻게 생각하고 반응할지를 부지런히 생각하고 스스로의 내면세계가 핫해질 때까지 뒤흔드는 과정 속에서 피어난다.

존재는 균열을 통해서 넉넉해지고 깊어진다. 그 균열의 틈 속에서 나오는 핫한 쿨함이야말로 옆에 있는 사람의 마음을 시원하게 만들어 준다. 진정한 쿨함이란 나 자신의 속만 시원하게 만들어 주는 것이 아닌, 다른 사람의 속도 시원하게 만들어 주는 상쾌함이다.

존재의 흔들림 없이, 균열 없이 만들어진 쿨내는 암내보다 더 지독하다. 껍데기만 쿨함은 가라. 흔들리고 사랑하는 핫한 나로 살란다.

전도지를
찢어 본
경험이 있다

**전도자보다
큰 전도지는 없다**

전도지를 찢어 본 경험이 있다. 20대 때 모교회에 축구 선교팀이 있었고, 나는 그곳의 팀장이었다. 꽤 많은 인원, 약 50명 정도의 회원이 있었고, 30명 정도가 매주 나왔다.

당시 교회에서 남자가 제일 많이 모이는 그룹이었다. 단장이었던 집사님이 계셨는데 은근히 압박을 주셨다. 우리가 이렇게 많이 모이는데, 이름도 축구 '선교팀'인데 그에 걸맞은 무엇을 해야 하지 않겠느냐고.

온 맘 다해 말리고 싶었지만 일은 진행되었다. 그냥 ○○교회 축구선교팀에서 'Footway'라는 이름으로 바뀌었고, 그 뜻에는 우리가 축구하면서 닿는 발걸음마다 예수님을 전한다는 상상을 초월하는 엄청난 꿈과 비전과 믿음과 소망과 사랑과 열정이 담겨 있었다. 팀원들의 유니폼 입은 사진을 넣고, 내가 간단하게 전도용 글을 쓰고, 잔디를 연상시키는 녹색 종이에 예쁘게 전도지를 만들었다. 약 500장 정도.

매주 다른 팀과 인터넷을 통해서 매치를 했는데, 시작하기 전에 우리는 전도지를 한 장씩 들고 가서 전해 주고 기도하고 시작했다. 단장님은 흐뭇해하셨고, 우리도 흐뭇했다. 딱 여기까지만.

시합이 시작되자 예수님보다 축구를 사랑하는 사람들이 드러났다. 전기포트 물 가열하듯 순식간에 분위기는 격해졌다. 2쿼터 만에 우리 팀에서 한 명이 욕을 하고, 3쿼터부터는 거의 싸우기 직전의 시한폭탄 같은 분위기가 되어 버렸다.

매주 이런 나날들의 반복이었다. 시작 전에 웃으면서 전도지 주고 기도하고, 시작하면 싸우고, 끝나면 나는 가서 대표로 고개 숙여 사과하고. 상대편이 앉아 있던 자리에는 꾸겨서 버린 전도지 몇 장이 굴러다니고 있었다.

두 달 정도가 지났는데도 달라지는 게 없어서 한마디 해야겠다고 결심을 했다. 시합이 끝나고 회원들을 다 앉혀 놓고, 전도지를 꺼내서 박박 찢어 버렸다. 지금 생각해도 모두의 눈을 농그래지게 만드는 압도적인 퍼포먼스였던 것 같다.

한마디는 이러했다. 전도자보다 큰 전도지는 없다. 시합 전에 전도지 주고 싸우는 것보다, 시합할 때 전도자가 안 싸우는 게 전도가 된다. 나는 축구하면서 선교한다는 거 믿지 않는다. 선교 말고 사람이 되자. 매너 있게 경기하는 좋은 사람이 되어서 그냥 축구하자. 그게 선교다.

내가 말해 놓고도 이건 진짜 치명적이게 멋있다고 생각해서 집에 와서 적어 놨다. 그 이후로 축구 선교팀에서 그냥 축구팀으로 이름을 바꾸고, 시작하기 전에 전도지를 주거나 기도하고 시작하지 않았다. 하지만 싸우지도 않았다. 그때 했던 말에는 아직도 진심인 편이다.

전도자보다 큰 전도지는 없다.
전도지를 보고 교회를 올 수는 있어도,
전도자 없이 교회가 될 수는 없다.

Chapter 5

방황과 고통

고통의 의미를 물으신다면

**고난에
자막은 없지만**

최근에 나오는 미디어 콘텐츠들은 모두 엄청난 자막의 지원사격을 받고 있다. 영상으로만 인지하는 것보다 적절한 자막이 더해지니 얼마나 잘 들어오는지 모르겠다. 요즘은 넷플릭스에서 한국드라마를 볼 때에도 자막을 켜고 보는데 자막 없이 보는 것보다 훨씬 더 잘 들리고, 잘 보이고, 재미있게 느껴진다.

문득 '고난에 자막이 있다면'이라는 생각이 들었다. 아니, '고난에 자막만 있다면'이라는 생각. 고난은 겪을 때마다 순간적으로 나를 한 번도 가 보지 못한 외국과 같은 곳에 던져지게 만든다. 그리고 한 번도 듣지 못한 외국어 가운데 놓여지게 한다. 그렇지 않은가. 고난을 당할 때에 마음속에서 이런 말들이 울려 퍼지니 말이다. '여긴 어디지? 이건 도대체 무슨 뜻이지?

어떻게 해야 하지?'

고난에게 물이도 고난은 답이 있다. 어쩌면 내 말이 통하지 않는지도 모르겠다. 고난은 고난의 모국어를 사용할 뿐이나, 그 모국어는 나에게 완벽한 외국어일 뿐이다.

고난에 자막이 있다면 얼마나 좋을까. '아, 여기는 어디구나, 이런 이런 뜻이구나, 이것을 위함이구나, 이렇게 해야 하는구나.' 고난에 자막만 있다면 견뎌 볼 만할 텐데, 매번 얼굴을 바꾸고 다가오는 고난은 매번 국적도 바꾸어 찾아오고야 만다.

어떻게 해야 이 고난의 언어를 알아들을 수 있을까. 믿음은 이것을 해석할 수 있는 힘을 주는가. 이 유학 생활과 같은 고난에서 하나님은 우리가 무엇을 깨닫기를 원하시는 것일까.

믿음은 고난에 자막을 입혀 주지 않는다. 다만, 그 고난의 연출자를 바라볼 수 있는 시야를 열어 준다. 연출자와 눈이 마주칠 때에, 그 속에서 끝없는 선함과 사랑을 발견할 수 있다면, 자막이 없어도 연출자의 본심을 깨닫게 된다.

그것을 예레미야는 이렇게 노래한다.

주께서 인생으로 고생하게 하시며 근심하게 하심은 본심이 아니시로다 _애 3:33

고난은 매번 다른 언어를 가지고 찾아오지만, 그 고난을 통과한 사람들은 세계공용어를 배우게 된다. 그 언어는 다시 어떤 고난을 만나 이국땅에 던져진다 해도 돌아오는 길의 입국심사를 통과할 수 있게 만드는 힘을 가지고 있다. 그것을 '세계공용어'라고 쓰고, '하나님의 끊을 수 없는 선하심과 인자하심'이라고 읽는다.

여전히 내 삶의 고난엔 자막이 없지만, 이 고난이라는 유학생활이 끝날 즈음 난 또 하나의 세계공용어를 배울 뿐이다. 하나님은 여전히 사랑이라는.

믿음은
방황을 먹고
자란다

진짜 실패한 여행은?

〈대화의 희열〉이라는 프로그램에 김영하 작가가 나왔다. 그는 자신의 책 「여행의 이유」를 중심으로 패널들과 여러 가지 대화를 나누다가 '그럼 작가님은 어떤 여행이 가장 기억에 남으세요?'라는 질문을 받았다. 그때 김영하가 한 대답은 매우 특별했다. 내용은 이러하다.

 진짜 실패한 여행은 기억이 하나도 안 나는 여행이다. 그래서 실패했는지조차 모르는. 예를 들면 이런 여행이다. 너무나 매끄러웠기 때문에 아무것도 기억에 남지 않는다. 작가에게 그런 여행은 시간 낭비다. 아무것도 쓸 것이 없기 때문이다. 일반적인 의미에서 실패한 여행(비행기를 놓친다든가, 소소한 사고가 있었다든가)처럼 보이는 여행이야말로 긴 인생의 관점에서는 성공한 여행이다.

요즘 신앙생활은 길을 잃는 것이 어렵다. 스마트폰, 유튜브, 페이스북, 인스타그램 등이 발달하면서 조금만 검색을 해봐도 지금 자신이 어떤 상태이고, 어떤 말씀이 필요하고, 지금 읽고 묵상한 말씀은 어떤 뜻이고, 이 문제에 있어서 답은 무엇이고, 하나님은 이때에는 이런 분이고 등등 자신의 신앙의 위치를 꽤 정확히 알 수 있기 때문이다.

하지만 빠르게 정답에 도달하는 신앙이 정말 좋은 신앙일까? 그렇게 속성으로 찾아낸 정답들은 정말 우리의 신앙과 삶에 도움이 되는 것일까? 그렇지 않다고 생각한다. 오히려 진짜 '신앙'이나 '믿음'은 하나님 앞에서 길을 잃어버릴 때 형성되는 것이라고 생각한다.

삶의 답답한 문제를 만날 때나 신앙에 있어서 회의가 들 때 단순히 '선하신 하나님을 믿습니다. 아멘' 이렇게 하고 끝내는 것이 아닌, '왜 나한테 이런 일이 일어나는 것입니까? 왜 문제를 해결해 주시지 않는 것입니까? 선하신 하나님 맞습니까? 도대체 어떻게 해야 합니까?'라고 외치는 것. 하나님 앞에서 정말 솔직하고 처절하게 그 믿음과 회의 속에서 갈팡질팡하며 그럴 듯한 언어가 아닌 나의 모든 영혼의 속사정을 눈물에 담아 기도할 때, 우리는 그 눈물 속에서 이해되지 않고 설명되지 않아도 하나님을 신뢰하는 법을 배운다.

시편에 기록된 기도 중 상당수가 이렇게 '길을 잃어버린 자들의 노래'다. 그들은 하나님 앞에서 길을 잃어버린 사람들이었다. 율법대로 살고자 했는데 그렇게 살아지지 않아 괴로워하는 모습, 공의의 하나님을 믿노라고 하지만 이 땅에서 그 공의가 나타나지 않고 악인들이 득세하는 것을 보고 어찌할 줄 몰라 분노하는 모습, 죄를 지었을 때에 하나님 앞에서 처절하게 무너지는 모습….

지금 우리 시대에 그러한 길을 잃어버린 자들의 노래가 있는지 묻고 싶다. 나 스스로도 길을 잃어버리는 것을 잘못되었다고 정죄할 때가 많으며, 또한 우리 주변에 있는 사람들도 길을 잃어버리는 것을 가만히 두지 않고, 꼰대 내비게이션을 작동시켜서 어떻게든 경로 이탈한 것을 바로잡으려고 한다.

하지만 우리는 길을 잃어버리지 않으면, 경로 이탈을 해보지 않으면 진짜 길이 무엇인지 알 수 없다. 하나님 밖으로 나가 봐야 하나님 안이 무엇인지 알 수 있으며, 어둠에 들어가 봐야 빛이 무엇인지 알 수 있고, 죄를 지어 봐야(일부러는 아니지만) 용서하시는 은혜가 얼마나 큰지를 가장 선명히 알게 된다.

   길을 잃어버리고 싶다. 하나님 앞에서 방황하고 싶다. 그 모든 과정을 나의 전 존재를 걸고 자신 있게 해보고 싶다. 남이 만난 하나님, 남이 경험한 하나님, 남의 답, 남의 하나님이 아닌 내가 만난 하나님, 내가 경험한 하나님, 나의 답, 나의 하나님을 그 길 위에서 만나고 싶다.

   길을 잃어버려라. 신앙이라는 여행을 하는 데 있어서 참된 믿음을 가장 잘 배울 수 있을 것이다.

방황이 있었기에
예수님을 만날 수 있었습니다.
그분이 곧 방황의 끝이시기 때문입니다.

'코카콜라 맛있다'를
아시나요?

**선택을 위한 기도보다
중요한 것**

　　　　　　　　　　　가족들과 함께 저녁을 먹는 중, 지금 어떤 음식이 가장 먹고 싶냐는 이야기가 나왔다. 나는 1초의 망설임도 없이 순댓국을 외쳤고, 아내는 치킨을 외쳤다. 팽팽한 공기가 맴도는 가운데 아이에게 물었다. 너는?

　아이의 동공에서 지진이 일어났다. 아이는 갑자기 손가락을 들더니 나와 아내를 한 번씩 찍으며 이렇게 말했다. 코 카 콜 라 맛 있 다 맛 있 으 면 또 먹 지 딩 동 댕 동 댕.

　'코카콜라 맛있다'로 선택하기는 내가 유치원 때 하던 거였는데 아직도 그 대가 끊기지 않았단 말인가? 어른인 나나 아이나 어떤 문제 앞에서 주체적인 선택을 하기 어려워하는 것은 마찬가지여서, 결정을 초월적인 존재에게로 떠넘기는 것 같다는 생각이 들었다.

 그 사이에 아이의 손가락이 아내에게 멈췄다. 치킨이구나. 그 순간 아이의 손가락이 한 번 더 움직였다. 척 척 박 사 님 어 느 것 을 고 를 까 요 알 아 맞 혀 보 세 요 딩 동 댕 동 댕. 이번엔 순댓국이었다. 그때 아이는 갑자기 손가락으로 자기를 가리키며 이렇게 말했다. "난 쌀국수!" 놀라웠다. 아이나 어른이나, 선택에서 신중한 모양새를 가지고 있지만 결국은 이미 정해 놓은 답을 향해 가게 되는구나 싶어서.

 신앙을 가진 사람들은 선택을 하기에 앞서 '기도'해야 한다고 믿는다. 그 기도가 '코카콜라 맛있다'처럼 내가 해야 할 선택을 하나님께 책임 회피하는 모양새라면 얼마나 편할까. 하지만 하나님은 선택을 대신해 주시지 않는다.

 선택을 위한 기도보다 더 중요한 것은, 내 선택에 대해 책임을 지려는 정직한 용기라고 생각한다. 그런 태도로 선택할 수만 있다면, 사실 무엇을 선택하든 그 걸음은 하나님께서 함께하시고 도와주시니, A냐 B냐가 문제가 되지 않는다. 문제는 내가 지어야 할 책임을 하나님께 떠넘기고, 잘되면 '내 선택 나

이스', 안되면 '하나님 미워요' 하는 것이다.

또한 선택을 할 때 '하나님의 뜻'을 열심으로 찾는 경우가 많은데, 사실 그 뜻은 숨바꼭질하듯이 숨어 있지 않다. 오히려 너무 뻔히 보일 때가 많다. 그런데 왜 그것을 선택하지 못할까. 내가 이미 정해 놓은 답이 있고 그것과 다르기 때문이다.

그래서 우리는 하나님의 뜻이 뻔히 보여도 그걸 선택하는 게 아닌, '척척박사님 어느 것을 고를까요 알아맞혀 보세요' 하면서 내가 원하는 것이 하나님의 뜻이 되기를 '딩동댕동' 무한 반복하고 있는 것이다. 선택에 있어 하나님의 뜻을 구하기 전에 그런 답정너의 태도를 내려놓는 기도가 우선되어야 한다.

선택을 위한 기도보다 중요한 것은 책임지려는 태도고, 하나님의 뜻보다 중요한 것은 내가 정해 놓은 답을 내려놓는 것이다. 코카콜라 맛있는 거 아니까 이제 그만.

고통의 위력 속에서
드리는 기도란

부르짖어도 되는 이유

고난을 만나면 기도의 언어는 논리를 잃어버린다. 공식을 잃어버리며, 야속하게 약속도 생각나지 않는다. 기도는 합쳐진 하나의 마음이 전심으로 하나님을 향할 때에 힘을 발휘하는데, 고난 중에 마음은 수시로 찢어지고 갈라지기 때문에 그런 힘을 발휘하기도 전에 좌절하기 마련이다.

이때에는 기도의 언어의 압축이 필요하다. 압축 파일은 '안녕, 기독교' 이런 식으로 하나이지만, 압축을 풀어 보면 그 속에 수백, 수천, 수만 개의 파일이 들어있는 것처럼, 고난을 만났을 때의 기도도 압축된 언어로 드릴 때에 힘이 발휘된다.

입술의 영역에서만 발사되는 수많은 언어들은 스스로의 마음에도 효과를 주지 못하며 하나님의 보좌에 상달되지 못한다. 중심의 영역에서 전심으로 발사된 언어만이 그 자체로 스스로의 마음에도 치명적인 효과를 주며 하나님의 보좌에 상달된다. 평소에는 압축되지 않던 언어들이, 고난이 주는 고통과 신앙이 적절히 어우러질 때에 놀랍게 압축된다.

논리 정연한 천 마디의 말보다, 고통으로 말미암아 도저히 어떻게 기도를 할지 몰라서 내뱉는 압축된 작은 신음 속에 더 큰 능력이 실린다. 수많은 기도 응답의 알고리즘으로 가득 채워진 기교 섞인 문장이 아닌, 오직 하나님의 자비하심과 은혜의 높으심, 하지만 그것을 감히 요청할 수 없으리만치 연약한 죄인의 무능력, 그 사이를 놀랍게 메꾸신 예수 그리스도의 영광스러우심 그 어디쯤에서 흘리는 한 방울의 눈물. 그 눈물이 있는 곳에 성령께서는 마땅히 구할 바를 알지 못하는 연약한 자들을 탄식으로 도우신다.

너는 내게 부르짖어도 된다.
논리 정연하지 않아도,
공식에 맞추지 않아도 된다.
너의 압축된 언어 속에 담긴 속사정들을
나는 이미 다 알고 있기에,
나도 함께 아파하기에,
너를 사랑하기에,
너는 내게 부르짖어도 된다.

고통에 대처하는
올바른 자세

**할머니가 아프다고
소리 지르지 않으신 이유**

할머니는 어느 날부터인가 나와 동생을 구분하지 못하셨다. 문이 열리는 소리가 들리고 인기척이 느껴지면 항상 "정주니? 정규니?" 하고 물으셨고, 크게 소리를 질러서 누구인지 알려 드려야 구분을 하셨다.

할머니는 눈에 서리가 낀 것처럼 모든 사물이 뿌옇게 보인다고 하셨다. 답답하다고 하셨다. 병원에 가서 진단을 받아 보니 백내장이라고 했다. 수술 날짜를 잡고 돌아왔다. 수술 날은 어느 겨울이었다. 휠체어에 할머니를 태우고 병원으로 향하던 날에 할머니는 내게 이런 말씀을 하셨다.

"정주가 어렸을 때는 할머니가 업고 다녔는데, 이제 다 커서 이렇게 할머니를 데리고 다니는구나."

할머니는 수술을 하러 들어가시고 나는 대기실에 앉아 있었다. 보통의 백내장 수술은 30분 정도가 걸린다고 했는데, 할머니는 한 시간 반이 넘었는데도 나오시지 않았다.

궁금하기도 하고 걱정이 되기도 해서 초조하게 왔다 갔다 하는데 수술을 마친 할머니가 나오셨다. 할머니는 나를 보시고 "이제 정주가 보이는구나"라고 하셨다. 나는 의사 선생님에게 "선생님, 고맙습니다. 고맙습니다. 고맙습니다"를 외쳤다.

의사 선생님은 이렇게 말했다.
"백내장 수술이 이렇게 오래 걸리지는 않는데 할머니 신경이 너무 많이 손상되어 있어서 일일이 다 연결하느라고 쉽지 않았어요. 굉장히 아픈 수술이었는데 할머니가 소리 한 번 안 지르시고 다 참아내시더라고요. 대단하셨어요."

나는 할머니에게 물었다.
"할머니, 아프면 아프다고 하고 소리 지르지 왜 꾹 참았어?"

할머니가 말했다.

"의사 선생님이 할머니 아프게 하려는 게 아니라 고쳐 주려고 그러는 거잖아. 고쳐 주려고 하시는 건데 할머니가 아프다고 소리 지르면 의사 선생님 마음이 아프잖아."

거기 있는 모두를 꽤나 숙연하게 만드는 말이었다.

'하나님이 나를 아프게 하려고 작정을 하셨구나'라는 생각이 들 때가 있다. 삶에 고난이나 고통이 찾아올 때 대부분의 첫 반응은 아직도 그러하다. 특별히 어떤 고통은 따끔한 정도가 아니라 맞는 순간 얼얼해져서 아무 생각도 들지 않고 오직 고통에만 귀를 기울이게 만든다.

고통이 속삭이는 이야기를 청종하게 되면 마음의 시력은 순식간에 상실된다. 살아계신 하나님도, 그분의 약속의 말씀도, 성령의 임재도 순식간에 잊어버리게 된다. 그리고 '시험'이 따라오게 되고, 그 시험에 빠지게 되면 곧 '악'으로 향하게 된다.

고통에 대처하는 올바른 자세는 늘 힘겹다. 작은 고통과 큰 고통의 구분이 무익하듯, 모든 고통은 그저 힘겨움을 가져다줄 뿐이다. 그런 고통의 늪에서 벗어나기 위해서는 '좌우명'처럼 붙들 어떤 스토리가 필요하다.

나에게는 그날 할머니와 있었던 일이 붙들 스토리가 되어 준다. 삶에서 고통이 허락될 때마다 그날의 일이 자주 맴돈다. 그리고 이런 생각을 하게 된다.

혹시 지금 이 시간이, 이 아픔들이, 이 상처들이, 이 시간들이 하나님이 지금 나를 고쳐 주시려고, 지켜 주시려고 수술하시는 과정은 아닐까? 그 마음 하나도 모르고 '아파 죽겠어요! 나한테 대체 왜 그러시는 거예요? 제가 뭘 잘못했는데요?' 고래고래 소리를 지르며 발버둥 치며 하나님을 원망만 하고 있는 건 아닐까?

모든 고통이 이런 '수술'을 위한 것은 아닐 것이다. 다만 어떤 고통은 분명 섭리 가운데 나를 고치시려는 하나님의 깊은 뜻이 담겨 있다. 만약, 하나님이 지금 나를 고쳐 주려고 지켜 주려고 하시는 건데, 그 마음 하나도 모르고 내가 너무 아프다고, 죽겠다고 소리 지르면 하나님 마음이 너무 아프시지 않을까.

믿고 맡겨 볼래.
하나님은 나를 아프게 하는 분이 아니심을.

하나님을
기다리는 것은
쉽지 않다

**기다림과 기도는
절친이다**

하나님을
기다린다는 게 쉽지 않다

누군가와 약속을 잡을 때에
그 사람이 나보다 높은 사람이면
그 사람에게 맞추곤 한다

나의 시간은
하나님의 시간에
맞춰야 한다

근데 왜 그런지
내 시계의 초침의 흐름과
하나님의 시계의 초침의 흐름은
달라도 너무 다른 것 같다

심장박동 수만큼이나
나의 시간은 조급하게
쿵쾅쿵쾅 뛰는데

하나님의 시간은
저기 어느 인적이 드문
고요하고 깊은 숲속의
흐르는 강물처럼 느긋하다

나는 이 문제 좀
빨리 해결해 주셨으면 좋겠는데,
지금이 적시 같아서
이때 한방 날려 주셨으면 정말 좋겠는데,
하나님은 미동도 안 하고
그냥 살며시 웃고 계신 것 같을 때에
때론 정말 얄밉다

기다림에 지쳐서 쓰러질 즈음에
나는 기도와 만난다

그제야 기다림과 기도가
같은 성을 가진
가족이라는 것을 깨닫게 된다

기다림만이 아닌 기도가 함께 가야지
하나님을 기다릴 수 있음을 깨닫게 된다
기다림과 기도와 내가 적절하게 친해질 때 즈음에
하나님을 만나게 된다

하나님을 기다리는 게
쉽지 않았노라 고백하면
하나님 역시
기다리는 것을 힘겨워하는
나를 기다리는 게 쉽지 않았노라 하신다

언제쯤
하나님을 기다림이
쉬워질라나

기다림 속에
기도는 깊어가고
기도 속에
기다림은 깊어가는구나

내가 여호와를 기다리고 기다렸더니… _시 40:1
I waited patiently for the LORD… _Psalms 40:1, KJV

하나님의 부재 연습

하나님의 임재 연습
강요하지 말자

하나님의 부재 연습이 필요하다. 로렌스 형제가 쓴 「하나님의 임재 연습」이라는 책 자체는 싫어하지 않지만, 그걸 현대로 끌고 와서 그대로 해야 한다고 말하는 것은 무척 싫어한다. 이를테면, 집 청소를 할 때 하나님의 거처를 치우는 마음으로 하고 밥을 지을 때도 하나님께 드리는 예배처럼 하면 그 모든 것이 임재를 가져다준다고 말하는 것이나, 직장 생활을 할 때 모든 권위는 하나님께서 주셨다고 하는 것이나, 서류 하나를 작성해도 하나님께 드리는 것으로 생각하면서 해야 한다고 말하는 것들 말이다.

일단 「하나님의 임재 연습」이라는 책을 쓴 로렌스 형제는 중세 시대의 수도생활을 하는 수도사였다. 속세와 차단된 상태에서 대부분의 생활이 단순한 노동과 영성을 위한 수도 생활뿐이었다. 쉽게 말하면 교회에서 산 거다.

　세상과 차단되고, 나 같은 신앙을 가신 사람들이 같은 목식으로 모여서 지극히 단순한 생활을 하는 가운데 요리, 설거지, 청소, 빨래 등의 일을 할 때 하나님을 생각하며, 하나님께 하듯 하니까 늘 하나님의 임재 가운데 살고 머물 수 있었던 것이다. 그러한 특수한 환경에서 행한 것을 지금 현재의 우리 삶에서 똑같이 적용하라고 하는 건 확실히 맞지 않는다.

　현실은 수도원처럼 고립되지도, 고요하지도, 단순하지도 않다. 또한 하나님을 찾을 수 있게 도와주는 환경 자체도 아니다. 집안일을 할 때 예배드리듯이 하면 그것도 예배가 된다고 반복적으로 주장하는 사람들은 분명히 집안일을 매일 지속적으로 해보지 않은 사람들일 가능성이 매우 높다. 그렇게 하는 것도 기분 좋을 때 가끔이지, 일상을 숨 쉬듯 집안일을 하다 보면 한숨 안 쉬고 하는 게 하나님께 하는 거랑 거의 동급이라 할 수 있다. 게다가 어떤 집에서는 어지럽히는 사람 따로 있고, 치우는 사람 따로 있고, 밥을 차려 주는 사람 따로 있고, 먹고 안 치우는 사람 따로 있는데 어떻게 그게 예배가 될까?

　직장에서도 선교사가 되어야 한다, 상사에게 하나님께 하듯 순종해야 한다, 서류를 하나님께 드리는 것처럼 작성해서 올려야 한다, 직장에서 인정받고 필요한 존재가 되면 요셉처럼 쫓겨나지 않는다, 이런 말을 하는 사람들도 직장 생활을 섀도 복싱(shadow-boxing)으로만 해봤을 확률이 매우 높다.

  서류를 하나님께 드리는 것이라고 생각하며 작성하면 제사장이 되는 게 아니라, 상사에게 제삿날이 될 가능성이 크다. 현대 사회의 직장이라는 구조는 굉장히 역기능적이기 때문에, 구조적 악 안에 있으면 나 홀로 하나님께 하듯이 한다고 해서 무슨 임재나 기쁨에 사로잡힐 수 없다. 회사 자체의 방향성이 악을 향해서 가고, 상사의 인성에 큰 문제가 있는데, 내가 하는 모든 것들이 매 순간 부정되고, 자아가 가루가 되도록 까이는데, 이런 상황 속에서 어떻게 임재를 누리겠는가?

  수도사들은 그저 하나님 앞에서 자기 홀몸 하나 챙긴 것이지만, 당장 결혼하고 애를 낳고 육아 모드로 들어가면 현실은 그야말로 소용돌이 속으로 빨려 들어가게 된다. 아직 자아가 형성되지 않은 어린아이들은 부모의 자아의 쏟아 부어짐을 통해서 자신의 자아를 형성해 간다. 그 과정에서 부모는 자주 자아의 손실, 소멸, 죽음을 경험한다. 이런 과정은 결코 달콤하지 않다. 내가 소멸되는 과정에서 하나님의 임재 연습이란 말은 그저 말일 뿐이다.

'하나님의 임재 연습'이라는 이름으로 이루어지는 작용들은 판타지에 가까운 것이 많다. 오히려 우리 시대에는 '하나님의 임재 연습' 말고 '하나님의 부재 연습'이 필요하다. 하나님의 부재 연습이란 무엇인가? 바로 이러한 치열하고 복잡하고 혼돈과 공허와 흑암이 가득한 현실 속에서, 하나님을 도저히 발견할 수도, 느낄 수도, 만날 수도 없어 보이는 철저한 하나님의 부재 속에서 마침내 하나님을 찾아내고, 깨닫고, 만나 주심을 경험하는 것이 바로 '하나님의 부재 연습'이라고 말하고 싶다.

성경에도 이런 '하나님의 부재 연습'에 대한 노래가 나오는데 바로 시편 42편이다. 시인은 성일을 지키는 무리와 함께 기쁨과 감사의 소리를 내며 그들을 하나님의 집으로 인도하던 사람이었다. 하지만 어떠한 상황 때문에 지금 그 시절을 빼앗기고 대적들에게 '네 하나님이 어디 있느냐'라는 뼈를 찌르는 칼 같은 비방을 받고 있는 중이다. 이러한 상황 가운데 그는 사슴이 시냇물을 찾기에 갈급함 같은 갈급함으로 하나님을 구하지만, 현실에서 맞이하는 것은 여전히 차가운 하나님의 부재일 뿐이다. 하지만 여기서 시인은 위대한 고백을 발사한다.

내 영혼아 네가 어찌하여 낙심하며 어찌하여 내 속에서 불안해 하는가 너는 하나님께 소망을 두라 나는 그가 나타나 도우심으로 말미암아 내 하나님을 여전히 찬송하리로다 _시 42:11

현실은 하나님의 부재를 보이지만, 시인의 이 고백 안에서 하나님은 분명히 임재하고 계시다. 직장 생활을 할 때, 육아를 할 때, 집안일을 할 때 하나님께 하듯 못 한다고 해서 '나는 실패한 사람이야, 쓰레기야' 이런 생각을 하지 않았으면 한다. 비록 보이지 않아도, 비록 느껴지지 않아도, 분명 그 상황 속에서도 하나님은 함께하신다.

태양이 구름에 가려져 보이지 않는다고 그 본체가 소멸된 것이 아닌 것처럼, 우리의 마음에 현실이라는 구름이 드리워져 하나님이 보이지 않는다고 해서, 그분이 우리를 버리신 것이 아니다. 이것을 믿고, 부재라는 느낌을 극복하고, 실재하시는 하나님을 고백해 내는 믿음이야말로 바로 하나님의 부재 연습이다.

어떻게 매일매일의 일상을, 매 순간을 화려한 조명이 나를 감싸듯, 그런 극적인 임재 가운데 살 수 있겠는가. 그리고 과연 그런 것이 옳기만 한 것일까. 날마다 수련회 같은 은혜면, 그 일상이 유지가 될까. 그저 하루하루 꾸역꾸역 살아가면서 하나님을 생각하고, '내가 이러면 안 되지, 조금이라도 더 좋은 사람이 되려고 해야지, 조금 더 착한 마음을 가져야지, 조금 더 이웃에게 사랑을 베풀어야지, 조금 더 돌아보고 살아야지' 하는 '조금 더'의 마음을 갖는 것. 그것이야말로 부재중 임재 속에 살고 있는 증거 아닐까.

> 현장에서 '하나님의 부재 연습' 중인 사람들에게
> 책상에서 '하나님의 임재 연습' 강요하지 말자.
> 폭력이다.
> 우리 아버지, 그들과 지금 거기서
> 사랑으로 충분히 함께하고 계시다.

Chapter 6

결혼과 자존감

어떤 배우자를 만나도
행복하긴 쉽지 않다

**결혼과 행복은
따로 논다**

'어떤 배우자를 만나야 행복할 수 있나요?'라는 질문을 미혼자들로부터 종종 받을 때도 있고, 받는 것을 볼 때도 있다. 그때 내가 주었던, 혹은 다른 사람이 주었던 답을 보면 굉장히 피상적이었다는 생각이 든다. '진정 사랑하는 사람을 만나야 한다, 진짜 사랑하는 사람을 만나야 한다, 정말 사랑하는 사람을 만나야 한다, 죽도록 사랑하는 사람을 만나야 한다.' 대답의 언어는 다 다르지만, 온도는 비슷하다.

최근에도 비슷한 질문을 받았는데 마치 영감이라도 받은 것처럼 오랜만에 파 하고 스쳐 지나가는 답이 있었다. 그것은 '어떤 배우자를 만나도 행복하긴 쉽지 않다'라는 말이었다. 이 말은 액면가로만 볼 때는 결혼에 대해서 매우 회의적인 것 같다. 결혼을 엄청 후회하는 사람이 "누구를 만나도 사는 건 별반 다르지 않고 똑같아. 그니까 기내하시 마!" 이렇게 말하는 것처럼 말이다.

하지만 이 말은 그런 회의에 가득 찬 말이 아니다. 가만히 곱씹어 보자면 이런 말이다. '정말 운명적인 특별한 사람과 만나서 결혼을 하면 마치 그 결혼 자체가 행복을 자동으로 보장해 순다고 생각을 하는데 그게 아니올시다'라는 말이다. 아주 특별하고, 운명적이고, 정말 죽도록 사랑하는 사람을 만나서 결혼을 한다고 해도 '행복'에 도달하기가 쉽지 않다는 것이다.

나의 경우를 보면 내 주위에서나, 내 자의식 속에서 아내와 결혼한 것을 정말 정말 정말 잘했다고 천 번, 만 번, 백만 번 생각을 한다. 특별히 내 주위의 가까운 지인들은 아내를 보면 마치 나를 구원(?)해 주셔서 감사하다고 인사를 하려고 드는 경우도 있다. 내 인생을 바둑으로 표현하자면 거의 다 패한 판이었는데, 아내가 그 모든 것을 뒤집어엎을 수 있는 '신의 한 수'였다고 말할 수 있을 정도다.

그런 운명적이고 사랑하는 아내를 만나서 결혼을 했는데,

그것 자체가 행복을 자동으로 보장해 주지는 않았다. 분명히 이 사람이 아니고서는 더 좋은 사람을 만날 가능성도 없었고, 이 사람이 나한테 최고임에도 불구하고 결혼을 해서 함께 사는 일은 결코 쉽지 않았다. 결혼은 그야말로 '사랑하는 사람을 사랑하는 방법'을 매 순간 배워나가는 일이었고, 그것들을 배워나가고 실천할 때에만 행복에 도달할 수 있었다.

 이러한 맥락에서 미혼의 사람들은 '어떤 배우자를 만나면 내가 행복해질 수 있을까?'라는 환상을 품기보다는, 그냥 어떤 배우자를 만나든 행복에 도달하기가 쉽지 않다는, 다소 건조해 보이지만 확실한 이 사실을 깨닫는 것이 나을 것 같다. 결혼이 무한한 행복을 보장해 주는 골인 지점이 아니라, 행복을 향해서 함께 달려가야 하는 출발점이라는 것을 명심했으면 좋겠다.

 물론 어떤 배우자를 만나도 행복하긴 쉽지 않으나, 어떤 배우자를 만나느냐에 따라서 그 쉽지 않은 행복에 도달하는 것이 엄청 어려울 수도, 조금 나을 수도 있다는 것을 부정할 수는 없을 것이다. 마치 2인 3각 달리기처럼, 이전에는 혼자 뛰었지만 이제는 서로의 한쪽 발을 묶고 뛰는 것이니 분명 그 호흡이 다른 누구보다 잘 맞는 사람이 존재할 것이다.

그 사람과 만나서 함께 한발 한발 호흡을 맞추며 행복을 향해 달려갈 수만 있다면, 서로 다투기도 하고 화내기도 하면서, 한 사람이 넘어지면 일으켜 주고, 서로 넘어지면 잠시 그 자리에서 쉬다가 호흡을 가다듬고, 그게 밤이라면 누워서 밤하늘과 별빛을 보기도 하고, 다시 일어나 걷다가 제법 발이 맞으면 빠른 속도로 뛰어 보기도 하고, 그러다 서로의 이마에 맺힌 땀을 보며 미소 짓고, 마침내 어떤 날에는 서로의 발이 묶여 있다는 것도 잊은 상태로 하나가 되어 완벽한 호흡으로 어둠 속을 아름답게 걸어가고…. 이러한 과정 자체가 결코 쉽지는 않겠지만, 이 과정이야말로 '행복'의 다른 이름이 아닐까 생각해 본다.

어떤 배우자를 만나도 행복하긴 쉽지 않다. 그러나 이 사실을 아는 사람은 어떤 배우자를 만나도 행복할 수 있는 준비가 된 것이다. 행복은 멀리 있는 것이 아닌 어어어엄청 멀리 있기는 하지만 함께 갈 수만 있다면 그 자체가 행복이다.

왼손은 거들 뿐.
결혼은 행복을 거들 뿐.

연애는 이미지로,
결혼은 존재로

핑크빛 사랑 vs 핏빛 사랑

〈우리 결혼했어요〉(우결)라는 예능프로그램이 있었다. 연예인들이 나와서 펼치는 결혼 생활이라니, 그야말로 보는 재미가 있었다. 결혼은 저렇게 알콩달콩 달달한 것일까? 결혼이라는 이미지가 그려졌다.

아내와의 연애 시절, 우결 같은 모습이 재현되었다. 우리 둘은 멋지고 예뻤다. 그럴 수밖에 없는 이유는 만날 때마다 '최상의 이미지'라는 카드를 들고 나왔기 때문이다. 연애할 때는 상대방을 만나기 전에 이미지를 만들 수 있는 시간이 충분했다. 소위 말하는 이미지를 관리할 시간 말이다.

최상급 이미지와 최상급 이미지가 만나는 것은 연애하며 느낄 수 있는 아름다움이라는 산의 정상이다. 그 산에서 맛보는 맑은 공기, 탁 트인 시야, 거기까지 올라왔다는 어떤 성취감, 꼭 잡은 손을 통해 전해지는 마음의 온도. 이 모든 경험은 서로를 향한 무한힌 확신을 준다. 이제 우리가 한 난계 더 나아가 '결혼'을 꿈꿔도 되겠다는 확신.

적어도 그 정도 확신은 있어야 결혼이란 제도 속으로 들어가게 된다. 그 정도 확신도 없이 결혼이라는 세계에 뛰어드는 것은 놀이기구를 타는데 안전장치도 확인 안 해보고 타는 것과 같나. 안선상지가 잘 작동하고 튼튼해도 무서운 건 무서운 것이다. 다만 안전하기에 견딜 수 있는 것처럼, 결혼도 확신이 있어야 할 수 있고 또 지속해 낼 수 있는 것이다.

'이 사람이 나에게 맞는 내 사람이구나', '이 사람이 아니면 안 되겠구나', '이 사람이라면 평생을 함께 갈 수 있겠구나'라는 누구도 끊을 수 없는 확신이 들어서 마침내 둘은 결혼식장까지 들어간다. 많은 사람 앞에서 하나가 되었음을 확증 받는다. 서로의 손에 끼워 준 반짝이는 반지보다 더 반짝이는 걸음으로 박수를 받으며 행진한다. 영원한 행복을 향해서!

하지만 막상 시작하게 된 결혼은 쉽지 않다. 왜냐하면 연애는 이미지와 이미지의 만남이지만, 결혼은 존재와 존재의 만남이기 때문이다.

 현재 우리는 너무 과잉된 이미지 매트릭스 속에서 살고 있다. 그 매트릭스의 중심에 인스타그램이라는 거대한 프로그램이 있다. 신인류 '포노 사피엔스'는 이 매트릭스 속에서 태어나고 자라나기에 빨간약을 먹기 전에는 이 이미지의 통치에서 벗어날 수 없다.

 결혼을 빨간약이라고 해야 할까? 이 빨간약을 먹는 순간에 서로를 둘러싼 이미지는 개인마다 시차는 있지만 언젠가는 사라지고 만다. 원리는 간단하다. 연애할 때는 두 존재의 공간에 충분한 여백이 있고, 그 여백 속에서 이미지를 관리하고, 그 관리된 이미지로 서로를 만날 수 있지만, 결혼은 그런 것을 허락하지 않는다. 여백의 한계성 속에서 이미지 관리는 더 이상 힘을 갖지 못한다. 이미지가 관리되지 않으니 그제야 그 이미지 뒤에 가려져 있는 그 사람의 본질 즉, '존재'가 드러나게 되는 것이다.

 결혼 생활은 좋든 싫든 서로의 존재가 만나게 되어 있다. 인정하든, 인정하지 않든 그게 진짜 나고, 진짜 너다. 바로 이런 진짜 나와 진짜 네가 만나게 되니 불쾌할 수밖에 없다. 이미지라는 옷을 쫙 빼입은 나는 멋짐 자체였는데 그 옷들을 다 벗고 나니 볼품없고 초라하다. 상대방의 모습 역시 그러하다. 그 모습으로 함께 살아가는 것이 결혼 생활이다.

내가 몰랐던 나, 네가 몰랐던 너, 그런 나와 네가 만났기에 몰랐던 우리를 만난다. 나의 연약함에 몹시 놀란다. 너의 연약함에 몹시 놀란다. 나와 너의 연약함에 정말 화들짝 놀란다. 이걸 받아들이지 못하면 결혼 생활을 유지할 수 없다.

하지만 이미지라는 옷이 발가벗겨졌기에, 완전한 맨살이 드러나 남편과 아내는 실오라기 같은 벽 하나 없이 서로를 끌어안을 수 있는 가능성 앞에 서게 된다. 이게 나고, 이거 너구나. 그리고 이게 우리구나. 우리가 이렇게 약하구나. 우리가 이 정도구나. 우리 참 불쌍하다. 그럼에도 불구하고 이런 불쌍한 나를 네가 선택해 줘서, 같이 살아 줘서 그 사실 하나가 정말 고맙고 소중하다.

이 마음으로 존재와 존재가 서로를 끌어안을 때, 이미지와 이미지가 끌어안고 하나가 된 것과는 비교도 되지 않는 일체감을 느끼게 된다. 부부는 혼인 서약을 하고 하나가 되었다고 공표할 때 하나가 되는 것이 아니라, 바로 이 지점에서 하나가 된다.

내가 보여 주고 싶은 것만 보여 주고, 보고 싶은 것만 보고, 받아들여질 수 있는 것들만 내어놓고, 받아들이고 싶은 것만 받아 주는 그런 이미지와 이미지의 사랑이 아닌, 보여 주기 싫은 것들도 보여 주고, 보기 싫은 것도 보고, 받아들일 수 없는 것들도 내어놓고, 받아들이고 싶지 않은 것도 받아 주는, 이런 존재와 존재가 부딪히면서 하나가 되는 사랑은 얼마나 아름다운가.

 이미지로 하는 사랑은 핑크빛이나, 존재로 하는 사랑은 핏빛에 가깝다. 결혼 생활은 핏빛이다. 고슴도치처럼 서로를 끌어안으면 상처 입고 피가 난다고 해도 끝내 사랑해 내고 마는 그런 사랑이기에 핏빛이다. 피는 핑크보다 진하고 강하다. 내가 무척 좋아하는 클라크 무스타카스의 〈침묵의 소리〉(Sound of silence)를 각색한 시로 글을 마치고 싶다.

결혼

존재의 언어로 만나는 일이다
부딪힘과 느낌과 직감으로

나는 마침내 그대를 정의하거나 분류할 필요가 없다
그대를 겉으로만 알고 싶지 않기에
침묵 속에서 나의 마음은
그대의 아름다움을 더 밝게 비춘다
그것만으로 충분하다

이미지를 뛰어넘어
존재로 만나고 싶은 그 마음
그 마음은
있는 그대로의 우리를 허용해 준다

함께 흘러가거나 홀로 머물거나 자유다
나는 시간과 공간을 초월해
그대의 존재를 느낄 수 있으므로

결혼 후에
사람이
변하는 이유

**사람이 아니라
사랑이 변한다**

연애 때 했던 사랑은 '되니까 하는 사랑'이었다. 물 흐르듯이 자연스러웠다. 마치 온몸의 세포가 길을 알려 주는 것 같았다. 내비게이션을 따라 운전하듯 그 길만 따라가면 되었다. 길을 잃어도 괜찮았다. 바로 "경로를 이탈했으므로 다른 길로 안내합니다"라는 말이 나왔고, 그 길을 따라가면 되니까 하는 사랑을 누리면 끝이었다.

결혼 후에 사랑은 '되니까 하는 사랑'이 아니었다. 더 이상 물이 흐르지 않았다. 온몸의 세포는 연애 때처럼 나대지 않았다. 내비게이션 같은 것도 없고, 모든 길이 초행길이었다. 길을 잃은 날에는 다시 원래 있었던 길로 돌아오는 데 끔찍하리만치

긴 밤과 같은 시간이 걸렸다. 어둡고 차가운 그런 밤. 처음에는 '내가 잘못된 거 아닐까'라는 생각을 자주 했다. '왜 연애 때처럼 사랑이 되지 않지? 그때는 사랑On 스위치 같은 건 없었는데 왜 지금은 마치 사랑Off 되어 있는 것 같은 상황이 되었을까?' 하는 생각 말이다.

한참 후인지, 아니면 얼마 지나지 않아서인지 깨달은 것은 결혼 후에 사랑은 '되니까 하는 사랑'이 아니라 '하니까 되는 사랑'이었다는 것이다. 세포에 의지하지 않고 의지가 세포의 멱살을 잡고 끌고 가야 하고, 내비게이션에 의존하지 않고 하루하루 펼쳐지는 수많은 선택의 갈림길에서 선택을 해야만 하고, 그 선택에 대해서 책임을 지는 그런 '해야지 되는 사랑'이었다.

이것은 이제까지 살아왔던 나의 서사에 아내의 서사를 융해시키는 일이었다. 지금까지 내가 살아왔던 방식으로는 섞일 수 없었다.

나는 중학교 때부터 성인이 될 때까지 집안일 같은 것을 주체적으로 해본 기억이 없다. 즉, 어지럽히는 사람 따로 있고 치우는 사람 따로 있다면, 나는 늘 전자에만 속하고 후자에 속해 본 적이 없다는 것이다. 집안일이 늘 '내 일'이었던 적이 없었다.

혼자 살 때나 연애할 때에는 이게 문제가 되지 않았다. 하지만 같이 사니 이것은 큰 문제였다. 왜냐하면 여전히 결혼해서도 나는 '어지럽히는 사람'이었고 아내만 '치우는 사람'이었기 때문이다. 이 부분에 있어서 지겹게도 아내와 싸웠다. 아내는 왜 그걸 못하냐고 하는데, 나는 안되니까 못한다고 했다. 내가 살아온 서사가 이러하기 때문에 당신의 서사와 섞일 수 없다는 식이었다.

'사랑'해서 결혼했으니 이것 역시 자연스럽게 될 줄 알고 보냈던 시간 속에서 다툼은 끝이 없었다. 나의 모든 서사를 부정하고 이 모든 것들을 '내 일'로 받아들이는 데는 꽤 오랜 시간이 걸렸다. 될 때까지 기다려서 한 것이 아닌, 되게 만들어서 하게 되었다. 그리고 내가 집안일을 주체적으로 하기 시작했을 때 아내는 내가 자신을 '사랑'한다고 느꼈다. '되니까 한 사랑'이 아니라 '하니까 된 사랑'이었다.

아이가 태어나서도 마찬가지였다. 아내나 나나 부모가 된 게 처음이었다. 연습 경기 같은 건 없었다. 육아에 주체적으로 뛰어든다는 것은 심히 부자연스러운 일이었다. 알게 모르게 학습되어 있는 지극히 가부장적인 뇌 구조 속에서 그 일을 행한다는 것은 에스컬레이터를 거꾸로 뛰어 올라가는 것 같은 느낌이었다. 그럼에도 불구하고 그것을 했을 때 아내도 아이도 '사랑'을 느꼈다. '되니까 한 사랑'이 아니라 '하니까 된 사랑'이었다.

지금도 나는 계속 '되니까 하는 사랑'이 아니라 '하니까 되는 사랑' 중이다. 이전에는 '되니까 하는 사랑'이 '하니까 되는 사랑'보다 우월하다고 생각했고 더 진실하다고 생각했었다. 하지만 지금은 아니다. 오히려 '하니까 되는 사랑'이야말로 잔잔한 듯 보이지만 더 진실하고 따뜻하고 아름답다고 확신한다.

결혼 생활은 불꽃놀이처럼 파파밧 하며 한순간에 끝나는 연애 감정으로 유지되지 않는다. 그런 결혼 생활은 마치 〈우리 결혼했어요〉에나 나올 듯한 비현실적인 모습이다. 오히려 결혼 생활을 유지하기 위해서는 불꽃놀이 같은 사랑이 아닌, 끊임없이 장작을 패고 그것을 난로에다가 집어넣어서 불을 붙이는 그런 의지적인 결단이 필요하다.

그래서 사실 결혼은 사랑의 종착점이 아니라 시작점이다. '되는 사랑'의 종착점일 뿐이요, '하는 사랑'의 시작점이다. 사랑을 이루어내기 위해서 힘쓰고 애쓸 때 그 사랑은 비로소 꽃을 피운다.

'하니까 되는 사랑'을 행함과 진실함으로 실천할 때에 그 속에서 이전에는 알지 못했던 '소중함'을 느끼게 된다. 그 소중함이 풍성함을 부르고, 그 풍성함 속에서 가족은 짐이 아닌 무한한 에너지를 주는 축복이 된다.

'되니까 하는 사랑'이 아닌 '하니까 되는 사랑'을 할 수 있기 위해서 오늘도 두 손을 모아 간절히 기도하며 청소기를 잡는다. 아내가 일을 마치고 집에 돌아와 문을 열었을 때 단정한 클래식 음악처럼 온 집안이 정돈되어서, 마치 첫눈이 온 날 아무도 밟지 않았던 그 순백에 첫발을 내렸을 때 뽀드득 소리를 듣는 것 같은 환희를 느낄 수 있게 해주고 싶어서.

요즘 스스로에게 자주 '사랑해'라고 말해 준다. 'love myself' 하려고 하는 '사랑해'가 아니라, 사랑이 될 때까지 기다리지 말고 '사랑 해!'라는 'Do love actively'의 의미로 말이다.

오늘도
사랑하러 가자.
사랑 해!

사랑은 저절로 유지되지 않습니다.
장작을 패고 난로에 넣는
의지와 노력이 필요합니다.

벼랑 끝에 서는 것만
용기인가요?

**벼랑 끝에 안 서는
용기를 통해 깨달은 것**

결혼 후의 믿음은 결혼 전의 믿음과 달랐다. 결혼 전의 믿음이 틀리거나 잘못된 것이 아닌가 싶을 정도로. 결혼 전의 믿음이 지극히 '나 혼자 산다'스러운 것이었다면, 결혼 후의 믿음은 '이젠 나 혼자 사는 게 아니다'였다. 깊고 넓음이 더 필요하게 되었다.

특별히 가장 믿음이 요구되는 영역은 '돈'이었다. 결혼 전에 돈이란 '있으면 있고, 없으면 말고'였지만, 결혼 후에 돈이란 '있으면 살고, 없으면 죽고'라고 표현하고 싶을 정도로 강력한 무엇이었다. 이 지점에서 나를 혼란스럽게 만들었던 것은 당시에, 어쩌면 지금도 유행하고 있는 '벼랑 끝에 서는 용기' 담론이었다. 이것은 단순했다. 그야말로 돈 문제의 벼랑 끝에 서서 하나님을 믿는 믿음으로 맡기고 뛰어내리면 채워 주시고, 그 경험을 통해 날개와 같은 신앙을 얻게 된다는 것이다.

믿음을 기댈 수 있는 다른 이야기가 없었다. 그걸 믿고 살아 봤다. 하지만 아무리 골방에서 부르짖어도 통장에 돈이 저절로 찍히는 법이 없었고, 까마귀는 멸종된 듯 나타나지 않았으며, 눈 떠 보니 벼랑 끝에 대롱대롱 매달려 있는 내가 보였다. 시간이 흐른 뒤에 돌아보니, 그건 믿음도 신앙도 아니었고 지나치게 현실 감각이 없을 뿐이었다.

돈은 저절로 생기는 법이 없었다. 책에서 흔히 봤던, 뭐가 먹고 싶었더니 갑자기 누가 갖다 주더라, 꼭 필요한 물건이 있어서 간절히 기도했더니 갑자기 택배가 도착했고 열어 봤더니 그 물건이더라, 한 달 재정을 계산해 보니 144,000원이 비어서 어찌할 줄 몰라 눈물과 탄식을 토해 놓았더니 갑자기 익명으로 돈을 입금되었는데 144,000원이었더라 하는 일이 아예 없었다고 할 수는 없었지만, 매번 허락되는 은총은 확실히 아니었다.

오히려 더 쉽게 허락되는 은총이 있었다면 그것은 나가서 돈을 벌 수 있는 은총이었다. 연식은 조금 있지만 아픈 데 없이 잘 굴러가는 멀쩡한 몸뚱이, 조금의 게으름만 포기한다면 쉽게 찾을 수 있는 일자리들, 그것으로 과감히 뛰어들 수 있다는 것이 진정 은총이었다.

가만히 앉아서 기적적으로 채워지길 기다리는 것만이 믿음이 아니었다. 뛰쳐나가서 뛰어다니며 일반적인 원리를 따라 채워 내는 것, 이것이 믿음이었다. 결혼 전의 막연했던 현실에 대한 믿음은, 그렇게 구체적으로 업그레이드되었다. 그 믿음을 따라 지금까지 살아냈다. 버틸 만했다.

쉬운 일은 없었고, 앞으로도 없을 것이다. 삶이 지칠 때 문득 이런 질문이 수면 위로 떠오른다. '어떤 사람들은 가만히 있어도 하나님께서 돈을 그냥 일시불로 채워 주시는데 왜 제게는 그렇게 해주시지 않나요?' 오랜 시간 동안 답을 찾지 못한 질문이었는데 최근에 답 비슷한 것을 찾았다.

지나치게 돈이 없을 때에는 고통을 느끼곤 하는데 그 마음은 그야말로 '찢어지는' 듯하다. 찢어지지 않으려고 애쓰고 있음에도 찢어질 수밖에 없을 때 느끼는 고통이란 이루 말할 수 없다. 그 소용돌이 같은 곳에서 나는 그 찢어짐을 온몸에, 아니 온 존재에 새길 수 있었다.

찢어짐을 아는 것이야말로 섭리인 것 같다. 먹고 살기 위한, 사랑하는 것들을 지켜내기 위한 처절한 절규와 존재의 부들거림을 알지 못한 채, 매번 가만히 앉아서 채워짐을 경험함으로 부유해지는 것이야말로 미천한 인간 이해를 생산해 내는 악이 될 수 있다.

이 찢어짐을 아는 지식이야말로 심령이 가난한 자가 되는 복을 받는 것이다. 일상의 피곤함을 아는 것이야말로 영적 더부룩함을 소화시키는 지름길이다. 순간마다 터져 나오는 찰나의 한숨은 하나님의 보좌에 가장 가까이 상달되는 훌륭한 기도다.

한 치 앞도 보이지 않는 하루하루를 확실히 볼 수 있도록 힘을 주는 것이 한 절의 성경 말씀이고, 0원에 가까운 통장 잔고와 빛이 보이지 않는 빚 속에서 나는 두 주인이 아닌 한 주인을 섬기노라 하며 선포하는 것이 찬양이다. 이와 같은 혼돈과 흑암과 공허함의 수면 위를 운행하듯 살아내다가 함께 모여서 여전히 희망을 노래하는 자들의 탄식 위에 성령께서 초월적으로 임하시니 그곳이 곧 교회다. 여전히 믿음으로 살아내고 있다. 하나님이 바로 지금 여기에서 우리와 함께하신다.

자신감 없어도
사는 데 문제없었다

**자신감의
폭력성에 대하여**

'서른읽기'라는 모임에서 있었던 이야기다. 그 모임에서는 특별하게 어떤 고민을 단체카톡방에서 나누고, 거기서 대답을 하고, 그걸 읽어 주며 나누는 시간을 가졌다. 아마 손을 들고 얘기를 하라고 하면 죄다 처음 보는 사람들이라 안 할 것이 분명하니 만들어낸 방법 같은데 탁월한 것 같다고 생각했다.

그날 던져진 화두는 "20대와 달리 모든 면에서 자신감이 없어요. 나 혼자만 뒤처진 것 같아요"였고 이것에 대해서 채팅방에서는 이런저런 이야기가 오갔다.

얼마나 지났을까, 내 차례가 된 것 같은 느낌적인 느낌이 들어서 나는 이렇게 말했다.

"20대 때부터 모든 면에서 자신감이 없다 보니 30내가 되고 나서도 똑같아서 그게 적응이 되어 편했어요."

그걸 진행자가 읽어 주니 사람들이 빵 터졌다. 그 웃음에 어떤 속내들이 섞여 있는지 알 수 없었다. 진행자는 역시 특별하다고 했다. 하지만 나는 농담으로 한 이야기가 아니었다. 그 자리에서 부연설명 따위는 할 수 없었지만 여기서 해보고자 한다.

나의 20대에 자신감이란 어울리지 않는 옷이었다. 외적으로나 내적으로나 그 옷은 내게 너무 작거나 너무 컸다. 마치 빨래를 잘못해서 작아져 버린 옷을 입은 것 같은, 어른의 옷을 아이가 입었을 때의 그 벙벙한 핏 같은 그런 느낌이었던 것 같다.

뭘 해도 자신감이란 옷을 딱 맞게 입을 수가 없었는데 희한하게 그 당시 내 주변에는 머리부터 신발 끈 꼭지까지 자신감으로 치장을 하고 다니는 사람들이 많았고, 그중 몇몇은 나와 아주 가까운 관계에 있었다.

나는 처음에 자신감이 '있는' 그들이 무척 부러웠다. 왜냐하면 나에게는 '없는' 것이었기 때문이다. 나도 저렇게 당당할 수만 있다면 얼마나 좋을까, 나도 저렇게 다른 사람의 눈을 똑바로 바라보며 또박또박 좋은 딕션과 음정으로 말해 낼 수 있다면 얼마나 좋을까 등등.

자신감이 있는 사람들은 어딜 가나 '인싸'가 되었고, 그렇지 않은 곳에 가도 어김없이 인싸처럼 굴었다. 나 같은 처절한, 철저한 아싸는 꿈도 못 꿀 일이었다.

그렇게 몇 년을 짓눌리고 꾸겨져서 살았던 걸까? 아주 문득, 정말 새삼스럽게, 마치 계단을 내려가려면 한발 한발에 적당한 체중을 실어서 일정한 리듬으로 움직여야 가능하다는 것을 알게 된 것처럼 내 눈앞에 보인 것이 있었다.

그것은 그 인싸라고 하는 자신감 넘치는 인간들은 마치 포식자와 같이 자신감이 없는 나 같은 아싸들을 곁에 두고 은근히 잡아먹으며 자신들의 허기를 채우고 그걸로 포만감을 느끼고 있다는 것이었다.

기분이 더러웠다. 토할 것같이 울렁거렸다. 모든 자신감이 그런 식으로 형성되는 것은 아니지만 어떤 종의 인간들은 분명 그러하였고, 그런 인간들이 내 주변엔 많았다. 얼마 지나지 않아 그 성글을 날줄했다.

자신감의 썩 좋지 않은 민낯을 보게 되었던 시절이었다. 자신감이 다른 사람을 다치게 할 수도 있다는 걸 알게 되었다. 그리고 다른 사람을 다치게 해서라도 자신감을 얻고 싶어 하는 사람들도 알게 되었다. 어쨌든 내가 원했던 자신감은 그런 류의 것은 아니었다.

그쯤에 꼭 자신감이 없어도 괜찮겠다는 생각을 하게 되었다. 자신감이란 옷이 나한테 그렇게 안 맞는다면 굳이 안 입어도 되겠다고 생각하며 20대를 보냈다. 그리고 생각보다 그런 사람들이 많았다. 그 사람들과 나는 서로를 안아 주며 많이 가까워졌다.

서른 즈음이 되었을 때 돌아보니 깨달은 게 있었다. 자신감이 없는 자신을 계속 자책하고 몰아붙일 때는 더 쭈그러들고 더 위축되었는데, '난 자신감 없구나, 난 자신감이 맞지 않는 사람이구나, 근데 자신감 없어도 자신감 있는 사람들이랑 별 차이 없이 잘 살아낼 수 있구나' 하고 나 자신을 있는 그대로 인정해 주니까 자신감 없는 자신감이 생겼다.

 그게 나한테 딱 맞는 옷이었다. 마침내 그 옷을 찾고 그 옷을 입고 사니 얼마나 잘 어울리고, 얼마나 편하고, 얼마나 행복한지 모르겠다.

그때나 지금이나 자신감 없는 나 자신을 좋아한다.
사랑한다.
고로 자신감이 없어도 괜찮았다.
살아왔고, 살아냈고, 살만 했다.

라면은 양은 냄비에, 커피는 커피 잔에

**모든 사람은
제맛이 있다**

최근에 결혼식 뷔페에서 엄청나게 맛있는 밥을 먹었다. 정말 모든 음식이 끝내줬다. 그런데 굉장한 옥에 티가 있었다. 커피를 먹는데 머그잔이 아닌 오직 종이컵만 있었다. 커피 머신조차 굉장히 비싼 것이었는데 종이컵에 먹으니 제맛이 나지 않았다.

평소에는 아내가 라면을 못 먹게 해서 자주 먹지는 못하고 아주 가끔 끓여 먹는다. 근데 우리 집에 있는 냄비는 죄다 라면과 어울리지 않는 것들뿐이다. 라면은 오직 양은 냄비에 담길 때에만 그 제맛을 내고, 양은 냄비가 빈티지하면 할수록 더더욱 끝내주는 제맛을 발한다. 그런데 우리 집에는 양은 냄비가 없다. 고로 우리 집에서 끓여 먹는 라면은 제맛이 나지 않는다.

'제맛'이란 음식물의 'Best' 맛이다. 이것은 음식을 어떻게 조리하느냐의 영역 이외에, 어디에 담느냐에 따라서도 발현된다. 아무리 최고급 재료로 잘 조리한다 하더라도 잘못된 그릇에 담는 순간 '제맛'은 '재맛'이 되어 버릴 수도 있다.

사람도 '제맛'이 있다. 파스타가 라면보다 뛰어난 음식이지 않고, 된장찌개가 김치찌개보다 우월하지 않다. 파스타는 파스타의 맛이 있고, 라면은 라면의 맛이 있으며, 된장찌개와 김치찌개 역시 그러하다. 다른 음식이지 틀린 음식이 아니다.

사람도 저마다 '제맛'이 있기에 비교의 대상이 아니다. 이 사람과 저 사람은 다를 뿐이지 틀린 것이 아니다. 오직 그 사람만 낼 수 있는 'Best'의 맛이 있다. 그 맛을 찾게 될 때에 그 사람은 정말 '멋'진 사람이 되는 것이다.

오직 하나님이라는 그릇에 사람이 담길 때에 제맛이 난다. 하나님의 품을 떠난 인간은 '제멋'대로일 뿐 '제맛'이 나지 않지만, 하나님 안에 있는 인간은 '제맛'을 내며 '제멋'대로 살지 않는다. 제멋에 사는 인생이 멋있는 게 아니라, 제맛에 사는 인생이 멋있는 것이다.

하나님,
당신의 품 안에서
제맛 내며 살고 싶습니다.

Chapter 7

감정과 지침

감정을 감사로
감시하는 게 맞나요?

**내 감정은
김정은인가요?**

                    미혼일 땐 화를 내본 적이 거의 없다. 당시 연애하고 있던 아내를 포함해서, 누구에게도. 이 사실이 결혼 생활을 하는 데 꽤나 우위를 주는 장점이 될 것이라 믿었다.

  오산이었다. 결혼 생활을 하다 보니 태어나서 거의 처음으로 참을 수 없는 화가 올라오는 것을 경험했다. 이전에 이런 감정을 사용해서 화를 내봤더라면 어떻게 쓰는지 사용법을 알아서 괜찮았을 텐데, 전혀 사용법을 모르는 상태에서 쓰려고 하니 내가 화를 내는 것이 아닌, 화가 나를 내는 것을 경험했다. 그렇게 사용법 모르는 화는 그야말로 나를 태우고, 너를 태우고, 끝없이 번져 나가는 화력을 자랑했다.

결혼 전에 화를 내본 적이 없다는 것은 전혀 장점이 아니었다. 생각해 보면, 화뿐만이 아니라 모든 감정에서 그러했다. 대표적인 감정이라고 할 수 있는 희로애락에 있어서 그 사용법을 전혀 알지 못했다.

이유가 무엇일까를 곰곰이 생각해 보니, 교회 핑계를 안 댈 수가 없겠다. 20대 때 본격적인 신앙생활을 하면서 이상하게 내 감정이라는 것은, 희로애락 그 자체로 그냥 발휘되면 좋은 것이 아닌, 모든 것이 감사로 종결되어야 했다. 기쁘고 즐거워도 감사해야 했고, 화가 나도 화내기보다 감사해야 했고, 슬퍼도 슬퍼하기보다 감사해야 했다.

그러다 보니, 내 감정은 사라지고 감사만 남았다. 감사하는 사람은 되었지만, 감정에 충실한 사람은 되지 못했다. 내 감정은 감정은 독재처럼 감사에 의해 철저히 눌려 있을 뿐이었다.

문득, '그게 진짜 감사인가'라는 의문이 들었다. 그냥 그때마다 발현되는 감정에 충실하고, 그 사용법에 맞게 사용하고, 적절히 긍정과 부정을 오가면서 컨트롤할 수만 있다면, 그게 인간이라는 존재에게 감정을 주신 목적이 아닐까. 목적에 맞게 충분히 잘 쓰고 난 다음에 "고맙습니다" 할 수 있다면 그게 진정한 감사가 아닐까.

그래서 최근에는 감정에 더 솔직해져 보려고 많이 노력하는 중이다. 어떤 감정이 올라왔을 때, '감사해야지'라고 반응하게 되어 있는 프로그래밍을 과감히 삭제하고, '내 감정은 김정은이 아니야!'라고 중얼거린다.

교회에서 가장 환영받는 감정은 '기쁨'이고, 금기시되는 듯 보이는 감정은 '슬픔'인 것 같은데 전혀 아니다. 영화 〈인사이드 아웃〉에 보면, 모든 사고는 기쁨이 나대서 일어난다. 그걸 바로 잡기 위해서는 슬픔이 필요한데, 기쁨이 슬픔이를 억누르고 막으니까 주인공은 망가진다. 하지만 끝내 주인공의 모든 것이 바로잡힌 것은 슬픔이 슬픔을 발휘할 때였다.

모든 감정에는 우열이 없으며, 그것들은 나를 나 되게 만드는 지극히 소중한 친구들이다. 그 친구들을 감사로 감시하는 것은 옳지 않다. 끝내 죄를 짓게 만드는 것이 아닌, 그저 건강하고 소중한 내 감정 중 하나라면 그 감정에 충실하자. 그게 곧 감정을 주신 분에 대한 감사다.

하루 종일
예수님 생각을
못 했어요

하루에 몇 번 생각하면 합격?

청년부 온라인 수련회에서 강의가 끝나고 토크를 하는 시간에 이런 질문이 있었다.

"일상생활을 하면서 한 번도 예수님을 떠올리지 못한 것이 죄인가요?"

1초도 망설이지 않고 답했다. "죄가 아닙니다." 깜짝 놀라는 눈치였다.

말을 이어 붙였다. "우리가 얼마나 예수님을 떠올리느냐보다 중요한 것은, 그분이 나를 항상 떠올리신다는 것입니다. 하루라고 하는 시간 속에서 몇 번이나 그분을 떠올리면 죄가 안 되는 것일까요. 10번? 그러면 10번 떠올린 사람은 30번 떠올린 사람보다는 죄인일까요? 은혜는 그런 것이 아닙니다. 차마 그분을 떠올릴 수도 없을 정도로 지치고 힘든 삶을 사는 우리를 늘 잊지 않으시고 사랑하시는 그분의 떠올림을 생각하는 것이야말로 '예수'를 깊이 생각하는 것입니다."

교회 사역을 그만두고 태권도장에서 종일 일했던 시절이 있었다. 충분히 저축해 놨다고 생각한 은혜는 매일 밀려들어 오는 삶의 고됨이라는 이자를 감당하지 못하고 얼마 지나지 않아 바닥을 보였다. 그 후로 내 마음은 계속 마이너스였다.

이렇게 살면 안 된다는 생각에서 완벽하게 도망쳐 본 적은 없지만, 이렇게 사는 삶을 뒤집을 수 있는 힘이 없었다. '나 전도사인데, 전도사였는데'까지는 괜찮았지만, '그리스도인인데, 하나님을 아는 사람인데'가 '그리스도인이었는데, 하나님을 아는 사람이었는데'라는 과거형으로 바뀔지도 모른다는 두려움은 비수가 되어 날마다 마음을 들쑤셔 놓았다.

밤 10시쯤 퇴근 후 운전하려고 핸들을 잡았다. 그제야 하나님을 떠올렸다. 고개를 들 수가 없었다.

하지만 하나님은 내 고개를 들게 하셨다. 현실에 치여서 지치고 피곤하고 곯아가는 나에게, '너 왜 오늘 종일 내 생각을 한 번도 하지 않았니'라고 따짐이 아닌, '내 생각을 한 번도 하지 못할 정도로 지치고 피곤하고 힘든 하루를 살았지? 괜찮아, 내가 널 절대 떠나지 않으니까'라고 안아 주시는 끝 모를 사랑으로.

'그래도 내가 하나님 앞에서 이 정도는 해야지'라며 스스로 정해 놓은 것이 은혜받기 위한 최소 조건이라 생각했었다. 착각이었다. 은혜를 받을 수 있는 유일한 조건은, 은혜를 받을 수 있는 조건이 아무것도 없는 존재가 되는 것이었다.

> 여호와는 긍휼이 많으시고 은혜로우시며 노하기를 더디 하시고 인자하심이 풍부하시도다 … 아버지가 자식을 긍휼히 여김같이 여호와께서는 자기를 경외하는 자를 긍휼히 여기시나니 이는 그가 우리의 체질을 아시며 우리가 단지 먼지뿐임을 기억하심이로다 _시 103:8, 13-14

겸손은
심리전이 아니다

겸손은 ○○이다

대부분의 작가들이 공통적으로 말하는 글을 쉽게 쓸 수 있는 방법이 있다. 정해진 시간에 정해진 장소에서 정해진 도구를 사용해 쓰라는 것이다. 글을 쓴다는 것의 본질은 쉬움이 아닌 어려움이기 때문에 이렇게 하는 것이 영감(Insight)이 찾아오는 길을 만들어 준다는 것이다.

오래전부터 들어왔던 이야기다. 다만, 전에는 이것이 글쓰기의 꿀팁 정도로 들렸는데, 이제는 글을 쓰는 사람의 '태도'의 영역으로 받아들여진다. 그리고 그 태도의 정체는 '겸손'이다.

사실 글을 쓸 때 내가 언제든, 어디서나, 무엇을 가지고도 쓸 수 있다고 생각하는 것만큼 교만한 태도는 없다. 물론 아주 아주 가끔 그런 기적이 일어나긴 한다. 하지만 기적으로 일상을 살아갈 수는 없다.

'나는 글을 잘 못 써'라는 자기 인식과 심리적으로 낮은 자세를 가지고 있다고 한들, 실천적인 태도에 있어서 정해진 시간, 정해진 장소, 정해진 도구를 지키려고 하는 노력이 없다면 겸손이 아니라는 것이다. 심리전에서는 겸손으로 정신 승리가 가능할지 모르지만 실전에서는 패배할 수밖에 없다. 진정한 겸손이란 나는 언제나 아무데서나 아무거나를 가지고 쓸 수 없는 사람임을 인정하며, 철저하게 쓸 수 있는 환경을 만드는 것이다.

겸손은 심리전이 아니다. 낮은 마음의 자세, 적절한 자기 비하나 자기부인, "아이고 별말씀을, 제가 뭘" 이런 워딩 장착이 아니다. 겸손이란 나는 이렇게 하면 절대 못 하는 사람임을 온 세포로 인정하고, 할 수 있는 환경에 철저하고 처절하게 실천적으로 가두는 '실존' 자체다.

모든 영역이 그러하다. 우리 집에는 각종 홈트레이닝 기구가 있지만, 나는 매일 오전에 헬스장을 간다. 집에서는 절대 운동이 불가능하다는 것을 깨달았기 때문에 겸손하게 운동이 가능한 환경에 나를 가둔다.

매일 새벽기도회에 나가서 기도한다. 정해진 시간, 정해진 장소 안에 나를 가두지 않고, 하루를 시작할 때 기도하지 않으면 나는 절대 기도를 하지 않는 사람이기 때문이다.

매일 큐티한다. 정해진 시간에, 정해진 장소에서, 정해진 큐티책이라는 도구를 가지고, 공동체와 함께 나눈다. 이렇게 안 하면 나는 아무 때나 말씀을 보고, 묵상하고, 그 온기를 가지고 사는 것이 불가능한 사람이기 때문이다.

겸손은 심리전이 아니다. "이것은 입에서 나는 소리가 아니여"라고 하면서 "겸손 겸손" 외치며 맨날 섀도복싱한다고 겸손한 사람이 아니다. 안 되는 자신을 되게 만드는 구체적인 환경 속에 자신을 가두는 사람이 진정으로 겸손한 사람이다.

자신의 안 됨을 알고, 됨의 환경 속으로 들어가는 것.
겸손은 심리전이 아닌 실천이다.

나 자신을 너무나 잘 알기에
겸손히 한계 속으로 들어갑니다.

아무리 기도해도
걱정이 안 사라져요

**기도할 수 있으니까
걱정해도 괜찮습니다**

"기도할 수 있는데"라는 찬양을 별로 좋아하지 않는다. 만든 분의 의도는 알듯 하지만, 언제부터인가 전혀 와닿지 않게 되어 버렸다. 가사는 이러하다.

> 기도할 수 있는데 왜 걱정하십니까
> 기도할 수 있는데 왜 염려하십니까
> 기도할 수 있는데 왜 실망하십니까
> 기도할 수 있는데 왜 방황하십니까
> 주님 앞에 무릎 꿇고 간구해 보세요
> 마음을 정결하게 뜻을 다하여
> 기도할 수 있는데 왜 걱정하십니까
> 기도할 수 있는데 왜 염려하십니까

이제까지 신앙생활을 하며 여러 가지 문제들과 마주했을 때 기도할 수 있기 때문에 걱정을 안 했던 적은 한 번도 없었다. 걱정을 안 했던 문제들이란, 기도 안 해도 내 선에서 이느 정도 해결할 수 있는 것들뿐이었고, 내 선 밖으로 넘어가 버린 거대한 것들에 대해서는 기도할 수 있는 것과는 별개로 걱정, 염려, 실망, 방황에서 벗어날 수 없었다.

나는 묻고 싶다. 기도할 수 있어도 걱정 좀 하면 안 되나요? 염려 좀 하면 안 되나요? 무릎 꿇고 간구하기 전에 실망 좀 하면 안 되나요? 방황 좀 하면 안 되나요?

신앙의 능력은 정답의 미학이 아닌, 과정의 미학 가운데 있다고 생각한다. 정답이라는 목적지에 도달하기 전 길 위에서의 과정이야말로 존재를 단단하게 만들고 성장시킨다. 교회 가서 무릎 꿇고 간구하는 것만이 기도가 아니다. 이 과정 속에서 일어나는 고뇌, 불신, 창조주에 대한 불만, 마음의 찢어짐, 한숨, 원망, 실망, 방황 등 이 모든 것 역시 기도의 여러 가지 표정들이다.

여러 문제와 고난 속에서 하나님 앞에서 멋지게, 쿨하게 반응하고 싶고, 다른 어떤 것들이 아닌 단숨에 하나님만 의지하는 멋진 믿음을 보이고 싶고, 걱정과 염려들을 성경 말씀이라는 화력발전소에서 나오는 힘으로 완전연소시키고 싶고, 흔들리며 피지 않는 꽃이 어디 있으랴, 바로 여기 있다 하면서 요동치 않는 담대함으로 할렐루야를 외치고 싶고….

　하지만 이런 것들은 이상에 가깝지 않을까? 쿨하거나 멋지지 않다 해도, 구질구질하게 반응할 수밖에 없다고 한들, 그 종착점이 하나님이라면 그것은 나쁘지 않은 듯하다. 몇몇의 어마어마한 믿음을 소유한 사람들을 제외하곤, 대부분의 평범한 믿음을 소유한 사람들의 신앙으로는 그렇게 할 수밖에 없기 때문이다.

　그래서 나는 이 찬양을 이렇게 바꾸어서 부르고 싶다.

　기도할 수 있으니 걱정해도 괜찮아요
　기도할 수 있으니 염려해도 괜찮아요
　기도할 수 있으니 실망해도 괜찮아요
　기도할 수 있으니 방황해도 괜찮아요
　주님 앞에 무릎 꿇고 간구하지 못해도
　마음이 정결하지 못해도 뜻을 다하지 못해도
　그걸 알고 흘리는 눈물이 기도니까 괜찮아요

기도할 수 있으니 걱정해도 괜찮아요

우린 연약한 인간이나
하나님은 강하시고
기도할 수 있으니
걱정해도 괜찮아.

실망조차
빼앗아가려고?

실망해, 걱정해, 낙심해, 절망해!

사회적 거리두기 격상으로 실내체육업 종사자인 아내가 계속해서 출근하지 못할 때, 주말마다 거리두기 조정을 발표하는 뉴스를 기다리는 것은 희망고문 그 자체였다. 적어도 3번 정도는 마치 사형선고를 듣는 것처럼 가슴이 철렁하는 것을 경험했다.

혹시나 하는 마음을 놓을 수가 없어서 매주 기다리는 아내에게 나는 이렇게 말했다.

"실망하지 마, 난 기대도 안 해(거리두기가 조정되어서 당신이 출근할 수 있게 될 거라는). 괜찮아, 내가 어떻게든 해볼 테니까, 그러니까 기대하지 말고 실망도 안 해도 돼."

내가 자주 쓰는 말이 아내에게 위로를 주기에 잘 맞는 옷이라 생각해서 꺼내서 덮어 주었던 것이다. 하지만 아내는 그 옷을 거절하며 말했다.

"난 기대하고 실망하고 싶어. 그게 내가 할 수 있는 유일한 것이니까. 그것조차 뺏는 건 내가 지금 할 수 있는 모든 걸 뺏는 거야."

세대로 한 방 맞았다.

'그치, 실망하는 게 유일하게 할 수 있는 건데 왜 나는 위로라는 걸 한답시고 하지 말라고 했던 거지?'

아내에게 필요했던 말은 '실망하지 마'가 아니라 '실망해'였던 것 같다. 실망을 가로막는 게 아닌, 마음껏 실망을 향해 나아가게 하는 것, 실망하게 놔두는 것, 그게 맞는 옷이었다.

그 이후로 사람들에게 "~하지 마"라는 말을 더더욱 안 쓰게 되었다. 오히려 하라고 권장한다. 실망해. 걱정해. 낙심해. 그게 지금 네가 할 수 있는 유일한 것이라면 가로막고 싶지 않아.

권장하는 이유가 있다. 실망하는 것, 걱정하는 것, 낙심하는 것, 그 모든 것은 하나님이라는 종점에 도달하기 위한 정거장의 이름일 뿐이라는 생각이 들었기 때문이다. 정거장마다 힘껏 통과해야 마침내 종점에 도착하는데, 그걸 못 하게 하는 것은 길을 가로막는 것이었다.

우리는 어떤 대상을 너무나 사랑해서 걱정도 못 하게 한다. 너무 사랑하기에 실망, 낙심, 절망도 못 하게 가로막는 것이라 한다. 그러면 그 대상은 사람이 아닌 괴물이 된다.

마음껏 걱정해. 마음껏 실망해.
마음껏 낙심해. 마음껏 절망해.
정거장일 뿐이야.

내가 옆에 있을게.
손잡고, 종점까지…

실망해도, 낙심해도,
그래도 괜찮아요.

결국은 하나님,
그분을 만나게 되어 있으니 말이죠.

기도는
요술램프가 아니다

**여전히 내가 하나님 안에 있는 게
기도 응답이다**

높은 상금이 걸린 독후감 응모전에 도전했다. 3등만 해도 상금이 있었고, 12명이나 준다고 했으니 해볼 만하다고 생각했나 보다. 꽤 많은 힘을 들여서 글을 써서 메일을 보내고, 응모한 사실을 완전히 잊어버리고 살다가 발표 당일이 된 것도 모르고 있었는데, 전화가 와서 1등이 되었으니 계좌 번호와 주민등록등본을 찍어서 보내 달라고 했다⋯

⋯면 얼마나 좋을까. 쿨하지 못한 건 미안할 일은 아니지만 쑥스러울 때가 종종 있는데, 딱 이런 경우다. 발표가 일주일 남으니 상금을 받으면 무엇을 할지 상상에 상상에 상상을 더하기 시작했다. 먼저 아내한테 자랑해야지, 상금을 보여 주며 오다 주웠다 하면 겁나 카리스마 있겠다 생각하며 몸이 지면에

서 0.1cm 떠오르기도 했다.

 발표를 하루 앞두고 문득, '근데 나 왜 기노노 안 하고 있지'라는 생각이 들었다. 왜 그럴까를 고민해 보니까 이런 결론이 났다. 기도한다고 해서 안 붙을 독후감이 붙는 일은 일어나지 않고, 기도 안 한다고 해서 붙을 독후감이 떨어지는 일은 일어나지 않는데, 왜 기도를 해야 하지?

 기노는 요술램프의 지니를 소환해서 세 가지 소원을 사용하는 그런 유의 것이 아니었다는 걸 머리로 알게 된 것은 오래 전이지만, 삶으로 알게 된 것은 분명 얼마 되지 않았다. 나는 기도를 잘못 써왔다. 내가 해온 노력보다 더 큰 결과를 바라며 기도를 망치같이 쥐고 막힌 문을 부숴 보려고 했고, 내가 잘못해서 생긴 결과들을 받아들이기보다는 하나님의 탓으로 돌리며 인질로 사용해 보기도 했으며, 어떤 선택에 관해 책임을 지기 위한 힘과 용기를 구하기보다는 회피를 위한 비겁한 변명으로 사용하기도 했다.

 나는 독후감이 붙고 떨어지는 일을 위해서는 기도할 필요가 전혀 없었다. 그러나 발표 당일 나는 새벽에 기도하고 있었다. 독후감이 붙고 떨어지는 일이 아닌, 내 마음이 하나님에게서 붙고 떨어지는 일을 위해서 말이다. 마음이 새벽공기처럼 차분하고 단단해졌다.

발표가 나는 정각 9시에 들어가서 결과를 확인했다. 그리 많은 이름이 있지도 않았지만, 금세 내 이름이랑 비슷해서 다시 확인해 볼 이름조차 없다는 것을 알 수 있었다. 차분하고 단단했던 마음에 짱돌 하나를 던진 것처럼 어마어마한 파문이 일어났다. 딱 5분, 화력발전소처럼 어마어마하게 불타오르는 언어들이 솟구쳐 나왔지만, 이내 다시 고요해졌다.

평소 내 마음의 힘만으로는 불가능한 일이었다. 그 이상의 힘이 작용했다. 기도가 마음을 지켜 주었던 것이다.

기도를 하고 안 되는 일을 겪으면 하나님을 원망하게 된다. 기도를 안 하고 되는 일을 겪으면 하나님을 생각하지 않게 된다. 그러므로 일이 되고 안 되고를 떠나서 기도를 드리는 존재는, 마음을 하나님 안에 두기 위해서 기도를 해야 한다. 기도한다고 우리가 원하는 대로 다 되는 것은 아니지만, 우리의 태도는 바꿀 수 있다. 일이 되고 안 되고보다, 여전히 내가 하나님 안에 있는 것, 그게 최고의 기도 응답이다.

기도한다고 독후감 응모전에서 탈락할 내 글이 갑자기 1등이 되지는 않는다. 하지만 기도하면 나는 일이 되든 안 되든 여전히 하나님 안에 거할 수 있다. 이 사실을 깨딜은 게 상금이었다.

Chapter 8

죄책감과 자유

이 세상에서
가장 많은 사람이
믿는 종교는?

'비교'라는 종교

이 세상에서 가장 많은 사람들이 믿는 종교는 기독교, 불교, 힌두교, 이슬람교가 아니라 '비교'다. 그 비교에서 믿고 섬기는 신의 이름은 '자신'이다. 이 비교라는 종교는 자신을 경배하기 위해 타인을 제물로 사용한다.

비교의 일용할 양식은 언제나 타인의 삶이다. 내가 좀 부족해 보인다 싶으면 나보다 못한 타인을 먹잇감으로 삼는다. 그 포만감으로 나를 채운다.

나보다 외모가 못난 사람, 나보다 가진 게 없는 사람, 나보다 불행해 보이는 사람 등 나보다 못함을 어떻게든 찾아내, 그들을 모자람을 통해 나를 세운다. 비교는 그렇게 타인을 소리

없이 내 안에서 죽이는 종교다.

   반대로 비교는 나보다 잘난 타인의 삶을 통해 날마다 자신을 큰 소리로 학대하는 종교다. 나보다 외모가 잘난 사람, 나보다 가진 게 많은 사람, 나보다 행복해 보이는 사람 등 나보다 잘남을 어떻게든 찾아내 나를 잘라냄으로 나를 죽인다.

   비교는 내 안에서 타인도 나도 죽이는 종교다. 타인을 담보로 삼고 빌린 행복은, 어마어마한 이자율을 자랑하며 갚지 못할 빚으로 돌아와 나를 파산케 한다. 비교는 어떤 의미에서 사이비나 이단보다 더 파괴적이고 치명적이다.

   비교와의 절교를 통해 탈교가 이루어진다. 그제야 '자신'으로부터 시작하게 된 존재는 '당신'이라는 신을 만나 비교가 아닌 친교를 통해 포식을 맛본다. 너를 통해 세워진 내가 아닌, 너를 통해 낮아진 내가 아닌, 너는 너이고, 나는 나라는 존재의 유일무이함을 배우는 사랑이라는 학교로 입교하게 된다.

   나는 너보다 잘나서 아름다운 것이 아닌, 나는 너보다 못나서 못난 것이 아닌, 나는 나고 너는 너다. 나는 나이기에 아름답다. 나는 나이기에 못나지 않다.

고로, 너는 너이기에 아름답고, 너는 너이기에 못나지 않다. 비교에서 벗어나, 너는 네가 되고 나는 내가 될 때, 우리라는 이름 안으로 들어갈 때, 그 속에서 우리 모두는 비교가 아닌 친교를 통해 특별해진다.

비교를 믿지 말고, 자신만 섬김을 버리고, 당신과 함께 손에 손 잡고 벽을 넘어서 서로서로 사랑하는 한마음 되자.

이제 비교에서 내려와
당신과 눈을 맞추며 걷고 싶습니다.

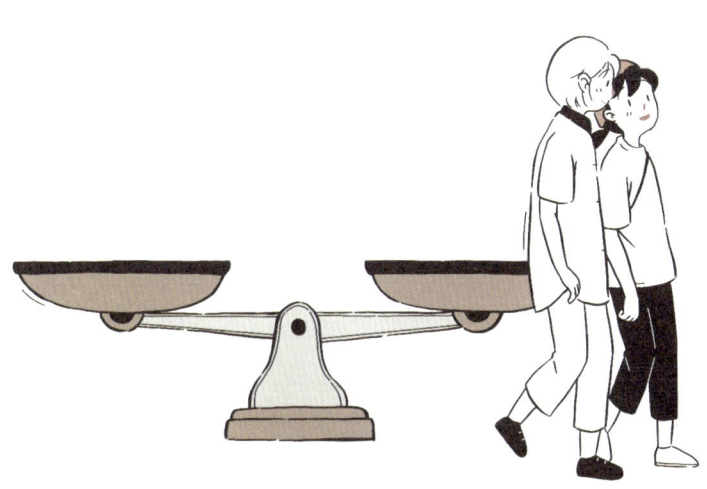

드라마나
영화 보고,
가요 듣는 게 죄인가요?

**예수님 사진 보면
예수님 믿게 되나요?**

아이가 포켓몬을 좋아하던 시절이 있었다. 내 앞에서 포켓몬 주제가를 자주 부르곤 했다. 피카츄 라이츄 파이리 꼬부기 버터풀 야도란. 아이는 말했다. 아빠도 같이 불러봐. 나는 말했다. 아빠는 포켓몬 노래 몰라. 왜? 아빠 어릴 때 교회에서 포켓몬 보지 말라고 했거든. 아이는 어이가 없다는 표정을 지었다.

생각해 보니 진짜 그랬다. 나는 포켓몬을 단 한 편도 본 적이 없고, 주제가도 끝까지 들어 본 기억이 없다. 어릴 적 교회를 다닐 때 포켓몬은 창조론을 부정하고 진화론을 아이들에게 심어 주기 위한 사단의 도구라고 배웠기 때문이다. 그래서 포켓몬이 티브이에 나왔다 하면 사단아 물러가라 하면서 채널을 돌리곤 했다.

지금 생각하면 황당하기 그지없지만, 당시에는 무척이나 진지했다. 그때 교회는 이상하리만치 대중문화에 대해서 이분법적인 사고를 가지고 있어서, 드라마, 영화, 가요 같은 것들을 '세상 것'이라고 딱 잘라 구분했고, 그런 것을 보면 마치 영혼이 오염되는 것처럼 가르쳤다. 실제로 나는 회심을 경험한 19살 때부터 군대 가기 전 24살이 될 때까지 드라마를 제대로 정주행하지 못하고 가요도 몰래 숨어서 듣곤 했다. 그리고 교회에 가서 이 더러워진 눈과 귀를 씻어 달라고 기도했다.

평생 다시 경험하지 못할 영광스러운 2002년 월드컵 시절에도 내가 속한 교회에서는 월드컵에 빠져서 하나님을 잊어버리면 안 된다는 신앙적 가르침이 난무했다. 어린 마음에 그런 것은 큰 압박으로 느껴졌고, 월드컵을 볼 때나 거리응원을 나갈 때나 마음 한구석에 확실한 죄책감들을 안겨 주곤 했다. 이탈리아 전에서 극적인 역전골을 넣는 것을 한강에서 다 같이 응원을 하며 목도한 다음, 오는 길에 교회 가서 하나님보다 월드컵을 사랑한 걸 용서해 달라고 눈물 흘리며 기도했고, 그 후에 스페인 전을 응원하러 또 나가고 또 회개했다.

돌아보면 엽기적인 행보였지만, 당시 내가 속한 공동체에서 이런 온도는 무척 선명했고 일종의 이념화처럼 된 상태여서 그 프레임에서 벗어난다는 것은 곧 죽음과 같았다. 괴로웠던 시절이었다. 당시 신앙은 나에게 자유를 주기보다, 억압과 죄책감을 안겨 주었고, 짓누르고 숨도 못 쉬게 만들었다.

지금의 나로 말할 것 같으면 드라마 없이는 못 살고, 사택 바로 아래가 장로님 댁인데 가요를 크게 엄청 크게 틀어놓고 듣고, 나름 영화 평론가 비슷한 흉내를 내며 살고 있다. 그런 것이 내 신앙을 해치지 않았다. 영화 〈패션 오브 크라이스트〉를 본다고 예수님을 믿게 되는 게 아닌 것처럼 드라마 본다고 내 삶이 드라마에 잠식되지 않았고, 가요 듣는다고 세상의 영에게 취하지 않았으며, 영화 본다고 사단의 속임수에 빠지지 않았다.

드라마는 건조한 삶을 촉촉하게 만들어 주는 참을 수 없는 즐거움이자, 사람이 사는 다양한 모습을 보여 주는 창문이었고, 때로는 책보다 더 많은 것을 알려 주는 훌륭한 채널이었다. 가요는 찬양만으로 가둘 수 없는 내 감정을 다양하게, 건강하게, 풍성하게 분출해 줄 수 있는 아름다운 탈출구였고, 영화는 내 인생에 빼놓을 수 없는 친구 자체다.

물론, 대중문화에 대한 건강한 비판과 분별은 언제나 필요하겠지만, 그렇게 가르치는 것과 물에 빠지면 죽는다고 물가에 아예 가지도 못하게 하는 것은 완전히 다른 것이다. 세상은 밖에 있는 것이 아닌, 내 안에 있다. 산은 산이고 물은 물이다. 내 안이 세상이면 교회와 신앙의 이름으로 행위를 해도 세상적인 것이 되고, 내 안의 신앙이 진실되다면 뭘 봐도 그 안에서 해석되기 마련이다.

신앙이 우리를 억압하고 짓누르고 죄책감을 주는 이름이 아닌, 보호하고 지켜 주고 자유와 기쁨을 누리게 하는 이름이 되길 바라며, 포켓몬 노래 외우러 간다.

교회는 왜 이렇게
죄 이야기를
많이 할까

공포로 통제하지 않았으면

아이에게도 코로나 바이러스는 꽤 '공포'인가 보다. 하원을 하고 집에 오자마자 손과 발을 씻어야 한다고 매번 말하고, 전엔 씻기 귀찮아 방으로 뛰어 들어가곤 하는 아들인데 최근에는 "코로나…" 이렇게만 말하면 다시 달려와서 빨리 손과 발을 씻어 달라고 아우성이다.

새삼 공포는 탁월한 '통제력'을 가지고 있다는 생각을 하게 된다. 설득이나 회유 같은 것과는 비교할 수도 없을만치 강력하고 직설적이며, 효과에 있어서는 이보다 즉각적인 반응이 나오게 할 방법이 또 뭐가 있을까 싶을 정도로 엄청나다.

기독교와 교회야말로 이런 식의 '공포 사용법'에 대해서 가장 잘 알고 있지 않았을까 생각해 본다. 적절한 듯하게 보이는 신앙의 언어와 교리들을 통해 '공포'를 만들어내고 '통제'하는 법 말이다. 게다가 기독교 신앙에서는 '죄'라는 모든 사람을 휘어잡을 수 있는 보편적인 개념이 존재하니, 이것을 잘 가공하면 신앙이 없는 사람들보다 훨씬 더 큰 공포를 만들어낼 수 있다.

그런 가공의 과정을 거쳐서 나온 워딩 중 가장 강력한 것은 '하나님이 치신다'라는 말이 아닐까 싶다. '너 그렇게 하면 하나님이 치신다, 하나님이 한번 치시면 끝이다, 하나님이 치신 사람 어떻게 되는지 많이 봤다.' 뭐 이런 식의 말들 말이다.

교회는 오랜 세월에 거쳐서 불안을 자극하고, 그 불안을 구체적인 공포로 만들고, 그것을 통하여서 사람들을 하나님께로가 아닌 사람이나, 교회라는 건물이나, 단체에게로 종속시키고 통제시켜 왔던 건 아닐까? 신앙생활이 깊어지고, 교회에서의 연수가 오래되면 더 자유로워지고, 더 사랑이 많아지고, 더 넓어지고 해야 하는데 더 두려워서 매이게 되고, 더 다른 사람들을 통제하려고 하고, 더 좁아지게 되는 것은 아닐까?

공포에도 면역력이 있어서 어느 정도 유통기한이 지나면 더이상 먹히지 않으니 또 다른 불안과 공포를 만들어서 통제하고, 또 그 유통기한이 지나면 그것을 반복하고, 또 그것을 반복하고…. 그 안에서 사람들은 하나님을 사랑해서 사랑하는 것이 아닌, 두려워서, 치실까 봐, 벌 받기 싫어서 사랑한다.

아이의 손을 씻길 때, 목욕을 시킬 때에 더 이상 '코로나'를 언급하지 않기로 했다. 공포로 통제하는 것은 잠시 먹힐 뿐이다. 손을 씻길 때는 각종 질병을 예방할 수 있는 자유함에 대해서, 목욕을 시킬 때는 상쾌함과 새롭게 됨에 대한 기쁨을 지속적으로 천천히 알려 주려고 한다.

어느 날 마침내 아이가 그 기쁨의 '맛'을 알게 될 때에 통제는 필요 없을 것이다. 허락된 자유 안에서 자발적으로 손을 씻고, 목욕을 하는 일을 사랑하며, 그 사랑으로 말미암아 아이에게는 아름다운 구속이 일어나게 될 것이기 때문이다.

공포로 통제하는 기독교와 교회가 아니었으면 한다. 쉬운 일은 아니겠지만 그럼에도 불구하고 복음에서 말미암은 사랑으로 믿고 기다려 주었으면 한다. 공포 때문에 사랑하는 하나님이 아닌, 사랑해서 사랑하는 하나님께 아름다운 구속을 스스로 행할 수 있을 그때까지.

아름다운 구속인걸.
사랑은 얼마나 사람을 변하게 하는지.
살아있는 오늘이 아름다워.

항상 하나님을
붙잡아야 한다는
강박에 관하여

아빠 손을 놓아도 되는 이유

"아빠 손 잡아야지!" 아이와 함께 걸어 다닐 때에 제일 많이 했던 말 중 하나다. 언제부터인지 모르겠다. 걷는 건 상상도 못 해서 아기띠를 하고 항상 품 안에 두었는데, 아장아장 걷기 시작하다 어느새 비틀비틀 아빠 손을 꼭 잡고 걷더니, 이제는 아빠의 손을 하나의 구속이라 생각하는지 자유롭게 뛰어다닌다.

손을 꼭 잡고 함께 걸을 때 선명하게 전달되는 온기도 황홀하지만, 몇 발 앞에서 그렇게 훨훨 날아다니듯 뛰어다니는 모습을 보는 것 역시 그에 못지않게 흐뭇함을 준다. 손을 놓을 수 있다는 것은 충분히 손을 잡고 있었던 존재만이 할 수 있는 것이라는 생각이 든다. 지금 잠시 놓아도 언제든 다시 잡을 수 있다는 그 무언의 확신이 부모의 손 밖의 세계로 여행을 시작하게 만들어 준다.

신앙의 세계에서도 이러한 '붙어 있음'과 '떨어질 수 있음'이 적절한 균형을 이루게 될 때에 아름다움에 도달하게 된다고 생각한다.

강박적으로 '붙어 있음'만을 추구하던 시절들이 있었다. 마치 좋은 신앙이란 영적인 결벽증 정도는 기본적으로 가지고 있어야 한다고 생각했던 나날들. 골방에 갇혀서 '여기가 좋사오니' 하며 경건을 베개 삼고 은혜를 이불 삼아 "이불 밖은 위험해"라고 외치며 거룩함을 소유했다 자신했지만, 사실은 확신이 없었던 게 아닐까.

확신을 가질 만큼 충분한 사랑을 받지 못한 아이는 부모와 분리되지 못한다. 부모의 손을 꼭 잡고 있지만 거친 생각과 불안한 눈빛을 한 아이, 그걸 지켜보는 부모의 사랑이란 매 순간 전쟁이지 않을까. 오히려 부모의 손을 잡고 있진 않지만, 더 넓은 세상을 맑고 투명한 눈으로 바라보며 자유롭게 돌아다니다가, 한 번씩 뒤돌아서 웃는 아이의 미소를 보는 것이 더욱 강력한 행복이다.

그런 확신 안에서 하나님의 손을 놓을 수 있다면 좋겠다. 손잡지 않아도 손안에 있음을, 뜻 밖에 있어도 뜻 안에 있음을 알고, 그 믿음으로 살짝 뒤돌아서 하나님을 향해 미소 지을 수 있다면, 그 존재 자체만으로 분명 하나님께 강력한 행복이 될 것이라 믿는다.

하나님은 자신보다
사랑하는 게 있으면
빼앗아 가는 분이신가요?

**우리 아버지
그런 분 아니시다**

함께 글쓰기를 하는 분이 교통사고가 났다. 올해 두 번째였다. 다들 걱정하며 괜찮냐고 물었다. 그분이 말했다.

"올해 좀 뭔가 이상하네요. 3월엔 손가락 베어서 피아노 잘 못 치고, 오늘은 접시 깨져서 손등이랑 손가락 사이 베이고, 이거 기도 열심히 안 해서 그런 건가요?"

나는 말했다. "기도 안 해서 사고가 나면 1초에 한 명씩 죽어야 됩니다. '너 기도했니?' '아니요.' '죽어.' '너는?' '아니요.' '죽어.' '너는?' '조금 했는데요.' '조금으로 안 되니까 죽어.' 인류

멸망은 순식간입니다."

이런 생각들은 형벌에 대한 잘못된 가르침에서 비롯된 것이다. 교회 안에는 이런 물줄기가 꽤 가지를 치고 흐르고 있는데, 그 근원에는 '하나님보다 더 사랑하는 게 있으면 하나님께서 치시고 빼앗아가신다'는 믿음이 있다. 다른 모든 것은 여기서 파생된 아류이고, 이게 원천이다.

이 믿음의 근거는 100세에 아들을 얻고, 또 그 아들을 바친 아브라함의 이야기에서 나온다. 해석하길, 아브라함이 100세에 얻은 아이가 너무 예뻐서 하나님보다 더 사랑하다 보니, 하나님께서 그걸 질투하셔서 바치라고 했고, 아브라함이 이삭을 하나님께 바침을 통해서 이삭보다 하나님을 사랑하는 것이 인증되니까, 하나님께서 이삭을 바치지 말라고 하며 돌려주셨다는 것이다.

하지만 이 이야기가 나오는 창세기 22장 어디를 봐도, 아브라함이 하나님보다 이삭을 사랑했기 때문에 하나님께서 그렇게 하신 것이라는 말은 나오지 않는다. 이 사건의 진의는, 갈대아 우르에서 나올 때만 해도 믿음이 부족했던 아브람이, 여호와라는 신과 수많은 믿음의 여정을 거치고 거쳐, 특별히 100세에 이미 태의 문이 닫힌 사라를 통해 말씀대로 아들 주심을 경험함으로 말미암아, 말씀대로 설령 이삭을 바치더라도 그분이 말씀하신 씨의 언약이 있기에 죽을지라도 다시 살리실 것이라는 장성한 믿음에 이르도록 만들어내신, 하나님의 열심의 위대함을 보여 주는 장면이다.

그러므로 이 사건을 가지고 '하나님은 자신보다 더 사랑하는 게 있을 때 그것을 빼앗아가신다'라는 믿음을 형성시키는 것은 잘못된 것이다. 또한, 상식적으로만 생각해도 하나님을 그런 식으로, 내 순정을 무시하면 그땐 깡패가 되는 '여호와 깡패'로 인식하는 것은 무리가 있다.

우리 집에 7년을 키운 남자아이가 한 명 있다. 7년이라는 시간 속에, 아이가 나보다 더 사랑하는 것처럼 보였던 것들이 시절마다 무수히 있었다. 뽀로로, 콩순이, 브레드 이발소, 포켓몬, 슈퍼 윙스 등. 아이가 그것들을 나보다 더 사랑하는 게 견딜 수 없어서 장난감을 빼앗아 갖다 버린 적이 단 한 번도 없다. 나는 다만, 나 말고 다른 것을 사랑하고 기뻐하는 아이의 모습을 보며 그조차도 기쁘고 사랑했을 뿐이다.

난 아이가 오직 나만 사랑해야 한다는 데 사로잡힌 집착증

환자가 아니다. 고작 인간 부모인 내가 이런데, 하나님이 그런 식의 사랑을 하신다는 것은 상식선에서도 말이 안 되는 것이다. 그건 사랑이 아닌 폭력이다.

이 지점에서, "그럼 십계명 제2계명에서 말하는 '질투하는 하나님'과 '죄를 갚는 하나님'은 누구인가?"라고 물을 수 있겠다. 우선적으로 이것은 우상을 만들고 섬기는 것에서 나온 이야기고, 우상 숭배는 명백한 '악'이기에 하나님께서 그것에 대한 죄를 묻고 갚으신다. 하지만 '하나님보다 더 사랑하는 것이 모두 우상이며 하나님은 그것을 빼앗아가신다'라고 적용하는 것은 옳지 않다.

오히려 제2계명은, 여호와라는 신이 고대 근동의 다른 신들과 얼마나 차별성을 가진 인격적인 신인지를 보여 준다. 어떠한 신이 질투라는 사랑의 가장 확실한 증명까지 해가면서 자신을 섬기는 자들을 사랑하는가? 아우구스티누스도 그의 「고백록」에서 이러한 감격을 이렇게 표현한다. "저에게 당신은 무엇입니까? … 당신께 제가 무엇이길래 당신을 사랑하라고 명하시고 그리하지 않으면 제게 진노하고 커다란 비참으로 벌하겠다고 경고하기까지 하시나이까?"

문득, 이 잘못된 맥락을 가지고 얼마나 많은 폭력들이 자행되었는지 떠오른다. 특별히 어렵게, 정말 어렵게 아이를 가진 부부들에게, '어렵게 얻은 아이더라도 하나님보다 더 사랑하면 치시거나 데려가실 수도 있다'고 말하는 것을 꽤 많이 보고 들어왔다. 아이는 어렵게 얻지 않아도 그냥 혼을 빼놓을 정도로 보고만 있어도 예쁘다. 하물며, 어렵게 얻은 사람들에게는 자기 생명과 동일선에 놓였을 때 1초도 망설임 없이 바꿀 수 있을 정도로 소중하기 마련이다.

그런 사람들에게 저런 이야기를 하는 것은 끔찍한 폭력이다. 그런 말을 하는 사람이야말로 하나님께 쳐 맞아야 하는 사람이다. 실제로 내 주위에는 저런 폭력에 눌려서 아이를 맘 편하게 사랑하지 못하는 사람들이 많았고, 행여나 아이가 아프기라도 하면 울부짖으면서 자기의 숨은 죄가 있으면 용서해 달라고 땅을 치며 회개하는 분들을 보기도 했다.

하나님은 그런 분이 아니다. 하나님보다 더 사랑한다는 것이 도대체 무엇인지 정의할 수조차 없지만, 그분은 자신 말고 다른 것을 사랑하는 우리를 보면서 (물론 그게 '악'에 속한 것이 아니라면) 기뻐하고, 미소 짓고, 그조차도 사랑하시는 분이다. 그러므로 내게 사랑하라고 허락된 것들이 있다면, 하나님을 사랑하듯, 그렇게 마음과 뜻과 정성을 다해 사랑해야 한다. 눈에 보이는 존재들을 온 맘 다해 사랑하는 법을 모르는데, 어떻게 보이지 않는 하나님을 온 맘 다해 사랑하겠는가.

기도 안 해도, 성경 안 봐도, 예배 안 드려도 하나님은 우리를 치시지 않는다. 부모는 자녀가 지켜 달라 요청하지 않아도 알아서 지켜 주고, 부모의 말을 듣지 않아도 자녀를 올바른 길로 끝없이 끌고 가며, 부모를 경외하지 않아도 자녀를 사랑함을 포기하지 않는다. 이처럼 하나님은 우리가 기도하지 않아도 우리를 지켜 주시는 순간이 더 많고, 그분의 말씀을 듣지 못해도 섭리 가운데 올바른 길로 끝내 끌고 가시며, 경외함을 놓쳐도 조건 없는 사랑을 놓지 않으시는 분이다.

하나님보다 더 사랑하는 게 있으면 반드시 쳐서 빼앗아가신다는 그딴 얘기 두 번 다시 하지 마라. 우리 아버지 그런 분 아니시다.

순종이라는 이름이
더 이상 아프지 않았으면 좋겠다

**사랑과 소통만이 가득한
순정 넘치는 순종만이 가득하길**

교회 안에서 '순종'이라는 말은 아쉬운 쓰임새를 가지고 있다는 생각이 든다. 예를 들면 이런 식이다.

어떤 직장인이 있는데 상식적으로 이해가 안 가는 일을 상급자가 시킨다. 도저히 납득이 안 돼서 괴로워하고 괴로워하다가, 내가 저 보이는 상급자에게 순종하는 것이 아닌 하나님께 순종하는 것이라는 신앙의 명제를 만들고 그 일 속으로 걸어간다. 시간이 흘러 보니, 그 일을 통해서 하나님께서 생각지도 못한 놀라운 일을 이루시는 결과가 나오고야 만다. 보이는 사람의 권위가 아닌 보이지 않는 하나님의 권위를 믿고 순종을 했더니 이렇게 되었다는 것이다.

즉, 말이 안 되는 것도 '순종'이라는 이름으로 해내면 말이 되게 된다, 오히려 말이 안 되면 안 될수록 순종이라는 이름으로 해내야 하고 그것은 더 극적인 결과로 응답된다는 것이다.

이 같은 명제에는 문제가 많다. 왜냐면 보편적이지 않기 때문이다. 우선 하나님께서 우리에게 순종을 요구하시는 계명, 규범, 명령들은 대부분 납득이 되는 것들이다. 하지 말라는 데는 따져 보면 다 이유가 있다. 물론 성경에는 잘 이해가 안 가는 명령을 하시고 그것을 믿음으로 순종해 내는 이야기들이 나오긴 하지만, 그건 특수한 경우이고 대부분 하나님께서는 말이 되는 걸 순종하라고 하신다.

더 큰 문제는, 이런 것을 어쭙잖게 사용하는 '사람'의 권위 서린 상식적이지 않은 명령들이다. 본인이 하나님의 대리자라도 된 듯 상식적이지 않은 것을 지시하고 강요하며, 말이 안 되는 것을 순종해 내야 하나님께 순종하는 것이라고 말하는 것이다. 그것은 권위도 믿음도 아닌, 인간성에 문제가 있는 행동이라고 생각한다.

그러면서 그들은 "순종하세요"라는 말을 쓰는데, 상식적으로 알아들을 수 있게 납득이 되고 명분이 충분하다면 그런 말을 굳이 쓰지 않아도 알아서 동의하고 행동하기 마련이다. 이성적이지도 합리적이지도 않으면서 순종이라는 불도저로 밀어붙이는 것은 믿음이 아니라 '허리면 헤'의 속성을 지닌, 가부장적이고 군대적인 정신이 가득 담겨 있는 폭력이 아닐까 싶다.

모교회에서 20대 신학생이라는 포지션으로 애매하게 존재했던 시절, 나는 이런 순종을 수도 없이 강요받아 왔다. 교회에서 전도 축제를 할 때 전도 대상자를 작정하라고 했는데, 나는 전도할 사람이 없어서 고민하며 3명을 써갔다. 바로 소그룹 리더와 담당 목사님에게 불려 갔다. 넌 신학생이 되어가지고 믿음이 이거밖에 안 되냐고 했다. 믿음이 이거밖에 안 되는 게 아니라, 관계가 이 정도 영역뿐이라고 말했더니, 더 작정하라고 했다. 어떻게 한 사람이 단기간에 3명 이상을 전도하느냐고 물었더니 돌아오는 말은 넌 신학생이고 목회자가 될 사람이니 '순종하라'는 것이었다.

순간 머리가 화산이 된 듯 폭발해 버릴 것 같았지만, 집으로 돌아가서 신학교 동기들의 이름을 전도 대상자 작성표에 수십 명 적어갔다. 그제야 리더와 목사님은 흐뭇해하며 네가 순종을 배웠다고 했다.

적어도 내가 생활했던 교회 문화권에서 소통이란 없었다. 소통을 원하면 원할수록 돌아오는 것은 고통뿐이었다. 이제 와서 이야기하지만 이해가 안 가고 납득이 안 되는 걸 하나님 앞에서 순종한답시고 해서 결과적으로 좋은 게 돌아온 적은 없었던 것 같다. 한 가지가 있었다면 순종이라는 말을 사람을 향하여 쓰지 않게 된 것이 최고의 유익이었다.

신앙이라는 이름으로 자행되는 몰상식함에 기초한 권위적이고 강요된 순종이 없어지기를 원한다. 무언가를 부탁할 일이 있다면 정중하게, 이성적으로, 논리적으로, 인격적으로, 관계 가운데 소통을 하면서 이루어지길 바랄 뿐이다. 그런 모든 과정들은 생략하고 순종이라는 이름으로 찍어서 누르는 것은 옳지 않다.

최근에 공동체에서 어떤 말을 했을 때 누군가 "순종하겠습니다"라고 했다. 순간 그 말에 거부감이 들어 이렇게 말했다. "순종이라는 말 쓰지 않으셔도 됩니다. 제 말에 충분히 납득이 되면 그렇게 하시고, 만약 아니라면 제가 더 설득되게 말씀드리겠습니다. 그리고 그렇게 했는데도 여러 가지 상황이나 환경이 여의치 않으면 거절해 주셔도 괜찮습니다. 저는 순종이 아닌 소통을 원합니다."

'순종'이라는 이름이 더 이상 아프지 않았으면 좋겠다. 순종이 아닌 정중한 부탁과 예의와 친절이 가득한 소통과 협력이 일어나면 좋겠다. 순종은 하나님 앞에서 잘하고, 사람 앞에서는 사랑과 소통만이 가득한 순정 넘치는 순종만이 가득하길.

Chapter 9

사람 그리고 공동체

사람의
마음 문을 여는
열쇠는?

**입은 하나,
귀는 두 개인 이유**

"사람의 마음을 여는 것은 혀가 아닌 귀다." 무의식 속에 떠돌던 이 말이 의식 세계 속으로 착륙을 하게 된 계기가 있었다. 군산에서 첫 전도사 사역을 할 때였다.

당시 부서 총무님과 선생님 한 분과 식사를 하게 되었다. 두 분 모두 중학생 이상의 자녀를 둔 어머니셨다. 자연스럽게 자녀 이야기를 하셨는데 엄청난 고민들을 털어놓기 시작했다.

식사하는 시간까지 합쳐서 총 두 시간을 쉴 새 없이 이야기하셨다. 어느 지점에서 두 분은 펑펑 우시기까지 했다. 그런데 두 분이 일어나면서 나에게 고개를 숙이면서 "우리 전도사님은 진짜 탁월하시다. 어떻게 이렇게 우리 마음을 잘 알아주실까"라고 말씀하시는 게 아닌가.

내가 뭘 했더라. 딱 네 마디를 반복적으로 했다. 헐, 진짜요? 대박, 그러셨군요. 헐, 진짜요? 대박, 그러셨군요. 헐, 진짜요? 대박, 그러셨군요.

나는 타고난 슈퍼 히어로가 아니었다. 결혼도 하지 않았는데 중학생 자녀를 키우는 어머니들의 고민에 대해서 감히 뭐라 말할 수 있었겠는가. 남편의 신앙에 대한 고민도 그렇고. 혀에 쓸 에너지가 필요 없으니 귀로 다 보냈을 뿐인데, 놀라운 일을 경험하게 되었다.

그 사건 이후로 지금까지 계속 "사람의 마음을 여는 것은 혀가 아닌 귀다"라는 말은 정언명령처럼 마음속에 새겨져 있다. 천 마디의 말을 혀로 쏟아낼 때보다, 한 마디의 말을 진심으로 들어줄 때에 사람의 마음 문이 찰칵하며 열리는 소리를 자주 들었다.

문득 예전에 읽었던 〈햇님과 바람〉이라는 동화가 떠올랐다.

나그네의 옷을 벗기려고 시작한 내기에서 바람은 있는 힘을 다해서 거센 힘으로 몰아붙였지만 그럴수록 나그네는 더욱더 옷을 싸맬 뿐이었다. 지쳐서 더는 못 하겠다고 할 때 햇님이 따스한 열로 비추니 그제야 옷을 훌훌 벗었다.

혀로 밀어붙여서 사람의 마음의 문을 열려고 하는 것은 바람의 모습과 같다. 듣는 사람은 더욱더 마음의 옷을 싸맬 뿐이고, 더 닫히게 된다.

귀는 혀보다 따뜻하다. 존재가 오롯이 귀가 될 때에 주는 온기는 거대하다. 그 앞에서 고체와 같은 마음은 눈 녹듯 액체가 된다.

하나님이야말로 사람의 마음을 이렇게 열고 위로하시는 데 탁월한 분이 아니신가. 그분의 임재야말로 완벽한 들어주심이기에 그 속에서 우리는 무한한 위로를 얻는다.

사람의 마음을 여는 것은 혀가 아닌 귀다.

주님이 우리의 모든 걸음 들어주시기에
우리는 결코 혼자가 아닙니다.

아싸가
인싸 되는 곳

아싸의 하나님

　　　　　　　　　문득 교회는 인싸가 아싸 되고, 아싸가 인싸 되는 곳이라는 생각이 들었다. 고등학교 시절, 인싸와 아싸라는 말이 있기도 전에 나는 타고난 아싸였다. 다른 이들과 비교했을 때 제법 우월한 못남이 있었다.

　어딜 가도 환영받아 본 기억이 전혀 없다. 외모도, 성격도, 성적도, 집안도, 할 줄 아는 것도, 미래도 그냥 모든 것이 그저 그랬다. 있으나 마나, 어딜 가도 딱 그 정도 존재감이었다.

　어렸을 적 다니다가 끊었던 교회라는 곳에 다시 발을 내디뎠던 순간이 아직도 생생하다. 환영받을 이유가 전혀 없는 나를 지나치게 환영해 줬다. 이유를 물었다. 환영받을 이유가 없는 것이 지나치게 환영받을 이유라는 듯 말했다. 교회는 그런 사람들이 오는 곳이라고 했다.

교회가 아닌 다른 그룹이나 공동체는 어딜 가나 내부분 약육강식의 정신이 지배하고 있었다. 강함을 자랑해야 대접을 받았다. 교회는 달랐다. 약함을 자랑해야 대접을 받았다. 그 다름이 매번 신기했다.

인싸는 무리 가운데 중심이 될 만한 것을 소유한 사람들, 즉 인싸력이 있는 존재들을 말한다. 아싸는 무리 가운데 중심이 될 만한 것을 소유하지 못한 사람들, 즉 아싸력이 있는 존재들을 말한다. 세상에서 요구하는 기준과 교회에서 요구하는 기준이 사뭇 달랐다.

세상의 인싸력은 교회에서 아싸력으로, 세상의 아싸력은 교회에서 인싸력으로 치환되었다. 스스로 강한 사람은 약해지고, 스스로 약한 사람은 강해졌다. 하나님은 아싸의 편이었다.

이 맛에 교회 다녔다. 인싸는 어딜 가도 인싸고, 아싸는 어딜 가도 아싸다. 단, 교회에서만은 달랐다. 인싸가 아싸 되고, 아싸가 인싸가 되었다. 심지어 성경에도 써 있었다.

> 그러나 하나님께서 세상의 미련한 것(아싸)들을 택하사 지혜 있는 자(인싸)들을 부끄럽게 하려 하시고 세상의 약한 것(아싸)을 택하사 강한 것(인싸)들을 부끄럽게 하려 하시며 하나님께서 세상의 천한(아싸) 것들과 멸시 받는 것(아싸)들과 없는 것(아싸)들을 택하사 있는 것(인싸)들을 폐하려 하시나니
> _고전 1:27-28

교회가 이 맛을 잃었을 때, 나도 교회에 대한 맛을 잃었다. 세상에서의 인싸가 교회에서도 인싸가 되는 일들이 비일비재했다. 왜 간증할 때 학교와 스펙을 굳이 소개하는지, 왜 돈 많은 사람이 교회에서 목소리를 낼 때 엄청난 힘이 실려 버리는지, 왜 하나님의 이름으로 '승리'한 이야기는 사라지고 '성공'한 이야기만 난무하는지, 왜 잘난 사람들은 환영받고 못난 사람들은 외면당하는지…. 그럴 만한 사람이 그럴 만하게 되는 것이 싫었다. 교회와 다른 곳의 차이점이 무엇이냐고 묻고 싶었다.

여전히 교회는 달랐으면 좋겠다. 사랑받을 자격이 없는 것이 사랑받을 수 있는 자격이 되고, 환영받을 자격이 없는 것이 환영받을 수 있는 자격이 되고, 그럴 만한 무엇이 없는 사람이 그럴 만한 무엇이 되는, 아싸가 인싸가 되는 그런 곳이었으면 좋

겠다. 그게 교회가 가질 수 있는 가장 훌륭한 자부심 가운데 하나라고 생각한다.

하나님은 인싸에게는 아싸가, 아싸에게는 인싸가 되어 "아싸"라고 노래하게 하시지 않는가. 아싸들의 아싸, 그 노래가 도저히 멈추지 않고 가득 차서 밖으로 흘러넘쳐, 마침내 '역시 교회는 다르구나'라는 소리를 듣고야 마는, 그런 곳이 교회였으면 좋겠다.

등잔 밑의 어둠과
싸우는 법

나 혼자 못 산다

등잔 밑은 항상 어둡다. 등이 크고 밝을수록 잔도 크고 넓기에 밑의 어둠 역시 깊고 은밀하다. 아니 어쩌면 스스로 크고 밝은 등이라고 생각하는 사람일수록 '이 정도 어둠쯤이야'라고 대수롭지 않게 여기는 듯하다.

등잔 밑의 어둠이 없는 사람은 없다. 또한, 등잔 밑의 어둠을 스스로 볼 수 있는 사람도 없다. 그렇지 않다고 말하는 사람들이 있다 해도, 적어도 나는 평생 그렇게 믿어내고 싶다.

하나님이라는 존재의 빛 안에 있는 사람들도 등잔 밑의 어둠이 있다. 이 어둠은 그 빛이 신비한 만큼 더욱 심오하게 작동한다. 가장 하나님 가까이 있다고 하는 그 순간에는 빛만 있는 것이 아니라 어둠 역시 가장 가까이에 공존한다.

등잔 밑의 어둠에 마침내 삼켜지는 사람들을 많이 보았다. 어떻게 저 사람이 저럴 수가 있는지 깜짝 놀랐지만, 아마 본인은 깜짝 놀라지 않았을 것이다. 나는 모르는 어둠일지라도 그는 분명 알고 있었기 때문일 것이다.

등잔 밑의 어둠은 스스로 극복할 수 없다. 그 어둠을 극복하기 위해서는 친구가 필요하다. 공동체가 필요하다.

경선과 서룩의 최고봉은 천상천하 유아독존이 아니다. 경건과 거룩의 최고봉은 하나님을 향한 절대의존과 책임져 주는 공동체에 대한 절절한 필요로 나타난다. 경건과 거룩이 깊어질수록, 인간이란 절대로 '나 혼자 산다'가 가능하지 않다는 것을 깨닫게 되기 때문이다.

최근에 "결혼을 하면 무엇이 좋냐"는 질문을 받았다. 나는 "등잔 밑의 어둠을 밝혀 줄 빛이 생긴다"라고 말했다. 아내라는 빛이 있어서 그 어둠과 제법 싸울 수 있었던 것이 언제나 다행이었다.

등잔 밑의 어둠과 싸워야 한다. 혼자 싸울 수 없다. 하나님의 은혜는 부족함이 없으나 그것을 담는 인간의 그릇은 늘 부족하다. 우리 모두에게 등잔 밑의 어둠과 함께 싸울 수 있는 친구를 주시길.

사랑스럽게
나를 망가뜨리는
관계들에 대하여

낮의 선생,
밤의 선생

　　　　　　　　　관계의 영역에서 조건 없이 '나'라는 존재를 '사랑'이라는 이름으로 받아 주고 지지해 주는 존재가 있느냐 없느냐는 치명적인 결과를 낳는다. 그런 존재들은 산소와 같다. 생각만으로 숨을 쉬게 하고, 살게 만들고, 미소 짓게 하는 큰 힘이 되어 준다. 나는 이들의 '낮의 선생'이라고 부르고 싶다.

　하지만 이런 '낮의 선생'들만 있을 때에, 그 관계는 최대한 사랑스럽게 나를 망가뜨려 버린다. 그리고 그러한 관계만이 있기를 바라며 관계를 맺는 일 자체도 겉으로 보기엔 그럴싸하지만 불가능하고 올바르지도 않다. 낮과 밤의 적절한 공존 속에서 자연이 자연되듯, 관계 역시 낮과 밤의 선생이 적절히 있어야지 인간을 인간 되게 만든다.

그러고 보면 나는 관계의 영역에 있어서 어지간히 낮만 있었던 사람이었던 것 같다. 20대 때 내 주위에는 교회 형들, 누나들뿐이었고, 동기나 동생들은 거의 없었다. 그 속에서 자라다 보니 많은 햇살을 받으며 살았다.

30대, 결혼한 후에는 「파전행전」이라는 책을 쓰게 되었는데, 긍휼의 마음이 생기는 이야기여서 그런지 책을 읽으신 분들은 천만 번 "괜찮아"를 외치며 나를 지지해 주시곤 했다. 그 후로도 계속 글을 쓰면서 지지와 사랑을 주시는 분들이 점점 늘어났다. 무슨 글을 써도, 무슨 사진을 올려도, 무슨 행동을 해도 잘 반응해 주시고 응원과 격려를 보내 주셨다. 그 힘들이 있어서 버틸 수 있었다.

어디쯤 왔을까, 그런 햇살 같은 사랑이 여전히 좋은 것임은 분명한데, 내가 여전히 좋은 사람이 되어가는지는 불분명하다는 것을 알게 되었다. 너무 환한 빛 속에서 사니 스스로를 객관화할 수 있는 시력을 잃어가고 있음을 발견하게 되었다. 약함을 나누는 것과 징징거리는 것, 솔직함과 자기 연민 사이를 아슬아슬하게 줄타기하고 있는 건 아닐까 하는 생각이 들었다.

최근에는 '밤의 선생'들이 조금 생겼다. 알고 지낸 지는 오래지만, 그들을 나의 '밤의 선생'이라고 받아들인 것은 얼마 되지 않는다.

이 사람들을 만나는 것이 애매하게 좋았다. 이 사람들은 지극히 나를 객관적으로 바라보았다. "무조건 무조건이야"를 부르지 않았다. 아닌 건 아니라고 말해 주었고, 가끔은 맞는 것도 아니라고 하는 것 같을 때도 있었다.

어느 날 그들을 만나고 오면 내가 많이 구겨진 것 같아서 몹시 속상했다. 피하고 싶고 도망치고 싶었지만 매여 있기에 딱히 명분을 만들 수도 없었다. '이런 관계가 맞나, 이게 무슨 유익이지'라는 생각을 수백 번도 넘게 했다. 환한 빛 속에서만 살아서 그런지 밤은 유난히 어두워 보였다.

관계에 대한 고민을 아내와 나누었다. 주위에 온통 낮의 선생들만 가득했다면 나는 분명 괴상하게 망가졌을 것이라는 말을 듣게 되었다. 무조건적인 사랑은 분명 좋은 것이지만 때론 눈을 멀게 한다. 조건적인 사랑은 분명 좋은 것은 아닐지라도 때론 눈을 뜨게 한다.

 이전에는 '낮의 선생'들만이 의식의 저변에 있었지만, 이제는 '밤의 선생'도 같이 있다. '밤의 선생'들이 있었기에 그나마 자기 객관화가 조금은 가능해진 나를 발견하게 되었다. 불편하고 어려워도 이 사람들이 사라진다면 나는 끝내 좋은 사람이 될 수 없겠다는 생각이 들었다. 그제야 그 관계들의 의미를 알게 되었다.

 나에게는 나를 무조건적으로 좋아해 주는 사람들이 언제나 필요하다. 햇살이 있어야 나는 자랄 수 있다. 하지만 나를 조건 없이 좋아하는 사람들만 필요한 것은 아니다. 밤의 어둠과 별빛이 있어야 나는 스스로를 돌아볼 수 있다.

 사랑스럽게 나를 망가뜨리는 관계들이 있다. 사랑스럽진 않지만 나를 망가뜨리지 않는 관계들이 있다. 관계의 낮과 밤, 그 속에서 나는 자라고 있다.

낮의 따뜻함, 밤의 차가움,
그 모든 것이 나를 자라게 합니다.

모든 관계는
전도를 위함일까요?

친구 없는 불타는 전도자

　　　　　　　　　　불타는 전도자였던 적이 있다. 회심 후 20대에 접어들었을 무렵이었다. '엄청난 구령의 열정에 사로잡힌 순수함 10%', '여러 가지 성경 구절에 대한 오해로 말미암은, 전도 안 하면 화 있을 것 같은 부담감 60%', '목회자가 될 사람이라는 주변의 기대감에 대한 부응 의식 10%', '목사님이 시켜서 10%'가 합쳐져 형성된 모습이 당시 불타는 전도자인 나였다.

　기억해 보면 그때는 전도가 되던 시절이었다. 교회 안에서도 전도에 열심을 내고 있어서 다양한 전도를 하고 있었다. 그 흐름에 휩쓸려 자연스럽게 전도지를 가지고 다녔고, 다 같이 전도 띠를 하고 나가서 외치는 축호 전도를 하기도 했고, 길 가는 사람들을 붙잡고 전도지를 주며 예수님에 대해서 아시냐고 노방전도를 하기도 했다.

문제기 발생했다. 만나는 사람마다 전도를 하고, 교회 이야기, 예수 그리스도에 대한 이야기를 하니까 하나둘씩 적당히 좀 하라며 화를 냈고 내 주변을 떠나기 시작했던 것이다. 나는 그것이 소위 말하는 복음을 전하는 자가 받는 핍박, 의를 위해 받는 핍박이라고 생각했다.

그때 오래 사귄 한 친구가 나에게 이런 이야기를 했다.

"정주야, 네가 신에 대한 사랑을 강력하게 경험해서 교회를 열심히 다니게 된 것에 대해서 나는 좋게 생각하고 이해해. 근데 너는 요 근래 몇 년 동안 나를 비롯해서 친구들을 만나면 자꾸 교회를 나오라고 하고, 예수님을 믿으라고 하고 전도만 하잖아. 우린 너의 전도대상자가 아니라 친구 아니야? 그런 이야기들 이제 그만 할 수는 없는 거야? 이전처럼 축구 이야기나, 친구들 이야기나, 시시하고 아무런 의미 없는 것들을 이야기할 수 있는 친구가 될 수는 없는 거야? 내가 꼭 교회를 다니고, 네가 믿는 그 신을 믿어야 친구가 될 수 있는 거라면, 그게 맞는 거야? 네가 하나님을 믿기 때문에 우리가 너를 멀리하는 게 아니야. 근데 너는 하나님을 믿기 때문에 우리와 멀어졌어."

뺨을 맞은 것처럼 정신이 번쩍 들었고 얼얼했다. 당시 나는 모든 사람을 비신자와 신자로 나누는 이분법적인 사고를 가지고 있었고, 비신자들은 모두 전도대상자로 여기고 있었던 것이다. 내 사전에 '친구'란 단어는 퇴색된 지 오래였다. 교회 친구들 말고 내 주변에 있는 친구란 거의 없었고 돌아보니 허전함과 외로움이 쌓여 있었다.

뒤늦게 깨닫긴 했지만 그 관계들을 좋게 마무리하진 못했다. 내 친구들에게 형성된 교회 다니는 나의 이미지란 너무도 강력해서 그 프레임을 부수기가 쉽지 않았다. 다가가고 노력해도 마음은 쉽게 열리지 않았다.

뼈 아픈 시간들을 보낸 후, 군대에 다녀오고 근본주의에 가까웠던 신앙이 열병과 같은 신앙 사춘기를 통과하며 나는 사뭇 다른 사람이 되어가고 있었다. 내 밖에서 남들이 기대하는 바에 따라 형성된 내가 아닌, 내 안에서 그분의 기대를 따라 형성된 나를 만났다.

불타는 전도자가 아닌 불타는 친구가 되는 것이 자연스러워졌다. 교회 안이든, 밖이든, 순수한 친구가 되는 것 외에 이 사람을 전도해야만 한다, 회심시켜야 한다는 목적은 크게 저변에 깔지 않았다.

   변화가 있었다. '친구'다 부를 수 있는 사람들이 많아졌다. 교회 안보다 교회 밖에서. 직접적으로 교회 이야기나 전도를 하지 않아도 그들이 먼저 궁금해하며 물어보기도 했고, 자연스레 그런 이야기들을 할 수 있었다. 비록 파괴력은 크지 않았지만, 은은하나 깊숙이 스며 들어가 생각지도 못한 곳에서 열매를 맺곤 했다.

   전도자로 부름 받은 소명은 사라지지 않는다. 내 안에는 여전히 그런 열망이 있다. 다만, 전도를 위한 목적을 밑에 깔아 놓고 좋은 이웃, 좋은 친구가 되는 것이 아닌, 그저 존재 자체로 내 주변의 사람들에게 좋은 이웃, 좋은 친구, 좋은 사람이 되고 싶다.

   하나님을 믿지 않아도 함께 웃고 우는, 누구나 친구가 될 수 있는 그런 좋은 사람이 될 수 있기를 바란다.

내 기도제목이
소문이 나는 이유

**교회만 다니지 말고
교회가 되자**

    20대 때 교회의 친한 형 동생들과 조그마한 소그룹 모임을 만들어 매주 우리 집에서 모였다. 함께 찬양도 하고, 말씀도 나누고, 삶과 기도제목을 나누는 그야말로 '교회'였다. 당시 나는 풋풋한 신학생이었고, 다른 사람에게 마음을 여는 것이 무척 서툴고 방어적인 사람이었다.

 하지만 그렇게 몇 달을 보내고 나니 제법 마음이 열려서 서로의 삶과 기도제목을 나누는 시간에 정말 진솔한 이야기를 했다. 그 이야기란, 당시 20대이고, 육체의 기운이 넘쳐날 때여서, 밀려 들어오는 성적인 유혹에 대해서 이길 수 있게 기도해 달란 것이었다. 거기 있던 모두가 "나도 그래" 하면서 함께 기도하자고 했다.

그렇게 마음에 있는 진솔한 이야기를 나누고 나니, 이게 나만의 고민이 아니라는 것을 알게 되어 무척 마음이 가벼웠고, 이런 이야기를 나눌 수 있는 사람들이 있다는 것에 무척 든든했다. 교회 더 깊숙이 있는 교회 같은 느낌이랄까. 새삼 교회 다니는 것이 즐겁다는 생각을 하며 주일을 맞이했다.

청년부 예배를 드리려고 예배당을 올라가는데 뭔가 느낌이 싸했다. 사람들이 나를 보는 눈동자가 흔들리는 것을 알아챌 수 있었다. 특히 여자들은 더욱더.

뭐지 하면서 예배당에 들어서는 순간에, 소그룹 리더를 맡고 있는 누나가 나를 보면서 말했다. "정주야, 힘들지? 기도할게." "뭘요?" 그 누나의 손에는 기도편지가 들려 있었고, 그곳에는 그날에 나누었던 모두의 기도제목이 아주 잘 정돈되어 적혀 있었다. 심지어 코팅까지 되어 있었다. 그 모임에 참석했던 쌈지라는 녀석이, 그날의 기도제목들을 그렇게 만들어서 모든 청년에게 뿌린 것이었다.

온갖 욕이 속에서 튀어나올 것 같은 것을 꿀꺽 삼켰다. 수습하기 위해 "여기서 말하는 '성적' 유혹이라는 것은 'Sexual'이 아니라, 학교 '성적(Grade)'을 말한 것이다. 즉, 나는 학교 성적을 잘 받고 싶은 나머지, 공부를 너무 열심히 해서 하나님을 잃어버릴까 하는 유혹을 이길 수 있게 해달라는 것이었다"라고 말했지만, 누구도 믿지 않았다. 20대 때 나는 그렇게 강제로 하나님만 바라볼 수 있는 환경 가운데로 들어가게 되었다.

지금은 웃으면서 이야기하고 있지만, 당시에는 반년 정도 정상적으로 사람들이랑, 특히 이성이랑 관계를 맺고 지내기 어려울 정도로 무척 힘들었다. 그 후로 사람들에게 진솔한 이야기나 진정한 기도제목 같은 것을 나누는 것이 쉽지 않았다. 상처였다.

교회 다니는 사람들을 보면, 이런 극단적인 경우는 아니지만 비슷한 경험들이 꽤 있는 듯하다. 소그룹이나 관계 속에서 기도제목이랍시고 진솔한 이야기를 나눴는데, 다음 주에 교회에 와보니 모든 사람들이 알고 있는 경이로운 소문이 되어 버린다. 가십거리 하나 생긴 축제 분위기 속에서 기도해 준다는 말은 위로가 아니라 폭력 자체다.

교회 공동체의 힘은, 굳이 알코올의 힘을 빌리지 않아도 속에 있는 진솔한 이야기를 안전하게 할 수 있다는 것에서 온다. 누군가의 가장 깊은 곳에 있는 속사정을 온 존재를 다해서 들어주는 것 그 자체가 이미 기도다. 그 속사정을 함부로 여기저기 말하고 다니는 것은, 사람을 두 번 죽이는 일이다.

　이 세상에서 가장 안전하게 속사정을 이야기할 수 있는 곳이 있다면, 그곳이 교회라면 좋겠다. 그런 교회라면 하나님 안 믿어도 가고 싶겠고, 가다 보면 믿고 싶겠다. 어떤 존재의 가장 깊숙한 이야기를 마음을 다해 듣고, 마음속 깊숙이 소중히 간직하고 끌어안아 기도해 주는 사람이 되어가는 것이야말로, 교회만 다니는 게 아니라 교회가 되어가는 일이라고 믿는다.

　쌈지, 잘 지내고 있니?

건물이 아닌
생물인 교회를 꿈꾸며

교회는 움직이는 거야

할머니는 89세에 돌아가셨다. 이제 10년 가까이 된 일인데, 돌아가시기 직전에 있었던 일들이 한 시간 전처럼 선명하다. 아마 언제까지나 그럴 것 같다는 생각도 든다.

이곳저곳 아픈 데는 많으셨지만, 나이에 비해서는 무척 건강하셔서 돌아가시기 일주일 전까지 점심을 차려 주시곤 했다. 여느 날과 다르지 않았던 보통의 날에 할머니는 내 눈앞에서 휘청거리며 쓰러지셨다. 드라마나 영화에서는 수도 없이 봤던 모습이나, 그것이 실제가 되니 마음이 벼락을 맞은 듯 하얗게 마비되어 버렸다.

어머니는 출근 중, 마땅히 연락할 곳 생각나지 않음, 개인적어리숙함과 무지, 이러한 것들이 합쳐져 패닉 상태에 빠졌다. 다행히 친척 중 삼촌 한 분이 간호사셨는데 집에 와서 상태를 보시고 할머니가 얼마 살지 못하실 것 같다고 하셨다. 절대 응급실에 가면 안 된다는 말과 함께.

응급실을 가면 생물학적으로 할머니를 생존시킬 수는 있지만, 그게 살아있는 게 살아있는 게 아니라고 하셨다. 당황스러운 말이었지만, 어머니와 몇몇 친한 친척분들도 동의를 하신 터라 나도 머리로는 동의를 하려고 애썼다. 하지만 그 가운데 새어 나오는 마음의 비명까지 막을 순 없었다. 할머니에게 깃드는 죽음의 기운으로 인한 신음 소리 때문에 잠을 이루지 못했다.

밤은 깊어질수록 지옥과 비슷한 얼굴을 하고 있었다. 어머니는 계속 출근을 하셔야 했고, 나 홀로 하루 종일 아무것도 할 수 없는데 할머니 곁에 있어야 했다. 간절한 마음으로 기도를 드리긴 했지만, 현실의 폭풍 앞에 촛불만도 못한 화력이었다.

꼬박 며칠 밤을 새운 어느 새벽에 벨소리가 들렸다. 문을 열어 보니 두 분의 권사님이었다. 한 분은 유치원 때부터 우리 집 옆에서 살며 지금까지 관계를 맺어온 내 친구의 어머니 권사님이셨고, 한 분은 그분과 가장 친한 권사님이셨다.

소식을 듣고 새벽기도 끝나자마자 왔다고 했다. 할머니의 손을 붙잡고 기도해 주시고, 온몸을 수건으로 닦아 주시고, 옷도 갈아입혀 주시고, 미음 같은 것을 정성스럽게 입에다가 넣듯 먹여 주시고, 한참을 머물다 가셨다. 할머니가 돌아가시기까지 2주 동안 매일을 그렇게 하셨다.

 여전히 지옥같이 깊은 밤은 밤이었지만, 새벽은 그 두 분의 권사님들로 말미암아 천국으로 바뀌어서 그 시간들을 버텨낼 수 있었다. 할머니의 장례가 끝나고 그 두 분을 생각하는데 '움직이는 교회', '찾아오는 교회'라는 말들이 떠올랐다. 절망 가운데 한 발자국도 움직일 수 없는 나를 위해 움직인 교회, 찾아갈 힘이 없는 나를 위해 찾아온 교회.

 교회는 어느 한 곳에 고정되어 움직이지 않는 건물이요, 내가 움직여서 찾아간다는 이미지가 강했는데, 그 사건 이후 내 안에서 교회는 건물이 아닌 '생물'로 변모했다. 끊임없이 움직이며, 찾아가며, 절망과 혼돈 가운데 있는 고통받는 사람들 속으로 들어가서 살려내는 생물, 그것이 교회였다.

 편의점보다 많은 건물 교회, 그 교회를 다니는 교회인 우리 모두가 움직이는, 찾아가는, 살리는, 생물인 교회가 될 수 있기를.

누군가의 고통 속으로 들어가는
그런 교회가 되고 싶습니다.

오늘날 교회에
필요한 것은
기복 신앙이다

**서로의 기복을
견뎌 주는 사랑**

오늘날 교회에 필요한 건 기복 신앙이지 않나 하는 생각이 든다. '복을 기원하는 목적으로 믿는 신앙'으로서의 기복 신앙이 아닌, 서로의 '기복'을 견뎌 주는 기복 신앙 말이다.

모든 사람은 저마다의 기복을 가지고 있다. 날씨로 생각해 보면 이렇다. 어떤 나라는 날씨 변화가 괴팍하리만치 왔다 갔다 심하고, 어떤 나라는 꽤나 일정해 보이고, 어떤 나라는 흐렸다가 맑았다가 비가 왔다가 눈이 왔다가를 반복하고…. 사람의 감정 기복이 딱 그러하다. 자라온 환경, 처해 있는 상황, 주변의 관계 등 매우 복잡한 알고리즘을 통해서 오르락내리락하기 때문에 그것을 선과 악의 잣대로 평가하기엔 너무 잔혹하다.

신앙의 기복 역시 그러하다. 보통 하나님과의 관계만 잘하면 그 외의 모든 것들은 다 큰 문제가 안 되는 것처럼 말하는데, 그건 지극히 일시적이다. 다만, 그 일시적인 것들이 조금씩 유통기한이 길어지곤 하는데 이것을 소위 말하는 신앙 성장, 성화라고 말할 수 있겠다.

이런 맥락에서 보면 모든 신앙에는 낭연스럽게 기복이 존재하기 마련이다. 신앙을 가진다는 것은 신이 되는 것이 아닌, 인간이 되는 것이기 때문이다. 어제 믿음이 좋았다가 오늘 나락을 칠 수도 있고, 오늘 기쁨과 평안이 넘쳤다가 내일 절망과 좌절 가운데 시달릴 수 있고, 지금 사랑하다가 조금 이따 미워할 수도 있고…. 이처럼 왔다 갔다 하는 것은 연약한 인간의 벗어날 수 없는 숙명과도 같으며, 오히려 그러하기에 하나님을 더 의지하게 만드는 신비가 여기에 있다.

겉보기에 기복이 티가 안 나는 사람이 있고, 티가 나는 사람이 있다. 하지만 그것은 그야말로 겉으로 보이냐 안 보이냐의 문제일 뿐이다. 오리처럼 물 밑에서 파닥파닥거리며 기복 기복 기복 하는 사람이 있고, 독수리처럼 하늘을 훨훨 날아가며 기복 기복 기복 하는 사람이 있다. 성향의 차이지 기복이 없는 사람은 없다는 말이다.

    그러므로 우리에게는 이런 기복을 견뎌 주는 기복 신앙이 필요하다. 먼저 스스로의 기복을 견뎌 주는 영역부터 시작해야 한다. 나 스스로 신앙이 놀랍게 도약했다고 느끼는 지점이 있었는데, 그게 바로 스스로의 기복을 용서해 주고 나서부터였다. 매일 신앙이 좋을 수 없었다. 매일 성경을 보면서 엄청난 빛에 감전될 수 없었고, 매일 기도가 절실하게 잘 돼서 마음을 하늘의 화력으로 가득하게 할 수 없었으며, 월요일부터 일요일까지 매일매일 그 자체를 해내는 것조차 무리였다.

    그냥 월요일부터 수요일까지 정도는 잘되고, 목요일 금요일은 좀 휘청이다, 토요일 일요일에 다시 잡고 또 월요일부터 시작이다. 솔직히 말하면 일주일 내내 잘 살아 본 적이 신앙생활을 하고 지금까지 단 한 번도 없다. 일주일 내내 큐티를 꾸준히 잘 해낸 적도, 열렬하게 기도한 적도, 먹고 기도하고 사랑한 적도, 이 영역에 어떤 방점을 찍어 본 적도 없다. 나는 이런 기복을 가진 불완전한 존재라는 것이 싫었다. 이것과 화해하지 못한 채로 하나님 앞에서 행했던 모든 것들은 잘하면 교만으로 초대했고, 못하면 절망으로 초대했다.

화해는 아이를 키우며 자연스럽게 나에게 찾아왔다. 매 순간 아이의 처절한 기복을 견디며 끝내 사랑을 포기하지 못하고, 새근새근 잠든 아이의 모습을 보며 모든 것을 용서하고, 이마와 볼과 입술에 입맞춤하는 내 모습을 바라보며, 이게 하나님의 마음이겠구나 하는 생각이 들었다. 나의 기복을 끝내 견뎌 주시는 그 이면에는 포기를 모르는 사랑과 용서가 있었다. 나의 기복보다, 그 사랑이 더 거대했다.

그 이후로 기복은 문제가 되지 않았다. 흔들려도, 넘어져도, 나를 일으켜 세우는 든든한 사랑이 있었기에…. 나의 기복을 용서하는 기복 신앙이 생기니, 다른 사람의 기복을 이해할 수 있는 기복 신앙도 생겼다. 그렇게 타인의 기복을 이해하고, 믿고, 기다려 주고, 사랑을 주었을 때, 그들은 하나님의 사랑이 반사된 '나'라는 사람의 그늘 안에서 쉼을 누렸다.

기독교에서 그렇게 외치고 말하는 '서로 사랑'이란 바로 이 기복 신앙이 아닐까. 좋을 때, 사랑할 수 있을 때, 잘할 때만 사랑하는 것이 아닌, 싫을 때, 사랑할 수 없을 때, 못할 때 그 기복을 견뎌내 줄 수 있는 사랑을 실천하는 것이야말로 오늘날 우리에게 필요한 기복 신앙이다.

에필로그

좋은 글은 '딜레마, 아이러니, 역설'을 머금고 있다. 인간은 이 세 가지 길 위에 발을 딛고 방황하고 헤매는 존재다. 그러므로 글을 쓰는 사람이 이런 교집합을 얼마나 잘 이해하고 잘 녹여 내느냐에 따라, 읽는 사람은 자신의 이야기처럼 깊이 공감할 수도 있고, 남의 이야기처럼 느낄 수도 있다.

신앙을 가지고 산다는 것은 딜레마, 아이러니, 역설의 연속이다. 하나님이라는 진리의 원천을 주로 믿고 섬기는데, 그로 말미암아 늘 선택이 명확해지는 게 아닌 더 복잡해져서 '이게 과연 선이냐 악이냐'라는 딜레마를 수시로 겪는다.

하나님은 사랑이라고 믿고 전하며 사는데, 막상 내 삶에는 하나님의 사랑을 의심하고도 남을 아이러니가 넘쳐난다. 복의 근원이신 하나님을 믿으면 그래도 안 믿었을 때보다는 인생이 잘 풀리고 잘 되길 바라는데, 오히려 안 믿었을 때보다 더 꼬이고 안 되는 역설이 존재한다.

극소수를 빼고 많은 사람들이 이 세 가지 영역에 발을 딛고 신앙을 살아낸다. 근데 신앙에 대해서 무언가를 말하는 글들을 보면 딜레마도, 아이러니도, 역설도 없고, 오직 '답정너'뿐이다. A냐 B냐의 딜레마를 말하는 것이 아닌 순종이 답이라 한다. 삶의 힘듦으로 하나님의 사랑이 의심되는데 고난은 변장하고 온 하나님의 축복이니 무조건 믿어야 한다며 아이러니를 허락하지 않는다. 믿어도 갈수록 꼬이는 역설 가운데 돌아버리겠는데 꼬인 게 풀린 거니 감사하라 말한다.

매사에 답으로 응수하는 신앙이라는 이름으로 쓰여진 어떤 글들은, 속을 시원하게 뚫어 주기보다 도리어 체할 것같이 만든다. 과정에 대한 서사는 존재하지 않고, 오직 정해진 결과와 답만 제공해 주는 진리란 소통과 공감을 포기한 듯 보인다. 딜레마가 없기에 관념적이고, 아이러니가 용납되지 않기에 평면적이고, 역설이 없기에 여운이 없다.

오히려 진리 자체이신 하늘에 계신 하나님은 땅에 있는 인간에게 답을 퍼붓는 방식이 아닌, 하늘에서 땅으로, 신에서 인간의 몸으로, 인간의 실존 안으로 들어오시는 것으로 답이 되셨다. 그분이 몸소 보여 주신 답은 '아프냐 나도 아프다, 힘드냐 나도 힘들다, 배고프냐 나도 배고프다, 그 모든 실존 속에서 내가 너희와 함께한다'였다.

하나님이신 예수님은 십자가를 지기 전에 딜레마에 빠졌다. 친히 매달린 십자가 속에는 아이러니가 존재했다. 부활은 역설의 정점이었다. 그렇게 하나님은 이 모든 실존 속에서 죽기까지 우리와 함께한다는 것을 친히 보여 주심으로 사랑을 확증하며 답 자체가 되셨다.

그래서 우리는 출렁이는 혼돈의 딜레마 위를 빠지지 않고 걸을 수 있다. 공허하기 짝이 없어 보이는 아이러니를 자신 있게 받아들일 수 있다. 흑암이 가득해 보이는 억설 속으로 용기 있게 걸어들어 갈 수 있다. 바로 이 사랑이 우리 안에 있기에.

삶 속에서 경험한 '딜레마, 아이러니, 역설'을 담아 이 책을 썼다. 답이 아닌, 그 길을 걸어가신, 우리와 영원히 함께하시는 그분이 답임을 믿고 그 길을 걸어가는 존재들에게 이 글들이 벗이 되어 준다면, 참 다행이겠다.

안녕, 신앙생활
ⓒ 김정주, 2022

1판 1쇄	2022년 3월 15일
1판 2쇄	2024년 3월 30일

지은이	김정주
대표	조애신
편집	이소연
디자인	임은미
마케팅	전필영, 권희정
경영지원	전두표

발행처	도서출판 토기장이
주소	서울시 마포구 동교로 71-1 2F
출판등록	1998년 5월 29일 제1998-000070호
전화	02-3143-0400
팩스	0505-300-0646
이메일	tletter77@naver.com
인스타그램	togijangi_books_

ISBN   978-89-7782-465-2

- 이 책은 저작권 법에 따라 보호를 받는 저작물이므로 무단 전재와 무단 복제를 금합니다.
- 이 책의 전부 또는 일부를 이용하려면 반드시 저자와 도서출판 토기장이의 동의를 받아야 합니다.

도서출판 토기장이는 생명 있는 책만 만듭니다.
"우리는 진흙이요 주는 토기장이시니 우리는 다 주의 손으로 지으신 것이니이다" (이사야 64:8)